U0164559

心一堂術數古籍珍本叢刊

書名…紫微斗數宣微(二集) 附相宅小言、子平新理解、勘誤表(未刪改足本)

系列…心一堂術數古籍珍本叢刊 星命類 紫微斗數系列 第三輯 306

作者…【民國】王裁珊

主編、責任編輯…陳劍聰

心一堂術數古籍珍本叢刊編校小組…陳劍聰 素聞 鄒偉才 虛白盧主 丁鑫華

出版…心一堂有限公司

通訊地址…香港九龍旺角彌敦道六一〇號荷李活商業中心十八樓〇五一〇六室

深港讀者服務中心‧中國深圳市羅湖區立新路六號羅湖商業大廈負一層〇〇八室

電話號碼…(852)9027-7110

網址…publish.sunyata.cc

電郵…sunyatabook@gmail.com

網店…http://book.sunyata.cc

淘寶店地址…https://sunyata.taobao.com

微店地址…https://weidian.com/s/1212826297

臉書…https://www.facebook.com/sunyatabook

讀者論壇…http://bbs.sunyata.cc/

版次…二零二二年五月初版
平裝

國際書號…ISBN 978-988-8583-84-3

定價…港幣 九十八元正
新台幣 三百九十八元正

香港發行…香港聯合書刊物流有限公司
地址…香港新界荃灣德士古道二二〇—二四八號荃灣工業中心十六樓
電話號碼…(852)2150-2100
傳真號碼…(852)2407-3062
網址…http://www.suplogistics.com.hk
電郵…info@suplogistics.com.hk

台灣發行…秀威資訊科技股份有限公司
地址…台灣台北市內湖區瑞光路七十六巷六十五號一樓
電話號碼…+886-2-2796-3638
傳真號碼…+886-2-2796-1377
網絡書店…www.bodbooks.com.tw
台灣讀者服務中心…
地址…台灣台北市中山區松江路二〇九號一樓
電話號碼…+886-2-2518-0207
傳真號碼…+886-2-2518-0778
網絡書店…http://www.govbooks.com.tw

中國大陸發行 零售…深圳心一堂文化傳播有限公司
深圳地址…深圳市羅湖區立新路六號羅湖商業大廈負一層〇〇八室
電話號碼…(86)0755-82224934

心一堂微店二維碼

心一堂淘寶店二維碼

心一堂術數古籍 珍本 整理 叢刊 總序

術數定義

術數，大概可謂以「推算（推演）、預測人（個人、群體、國家等）、事、物、自然現象、時間、空間方位等規律及氣數，並或通過種種『方術』，從而達致趨吉避凶或某種特定目的」之知識體系和方法。

術數類別

我國術數的內容類別，歷代不盡相同，例如《漢書・藝文志》中載，漢代術數有六類：天文、曆譜、五行、蓍龜、雜占、形法。至清代《四庫全書》，術數類則有：數學、占候、相宅相墓、占卜、命書、相書、陰陽五行、雜技術等，其他如《後漢書・方術部》、《藝文類聚・方術部》、《太平御覽・方術部》等，對於術數的分類，皆有差異。古代多把天文、曆譜、及部分數學均歸入術數類，而民間流行亦視傳統醫學作為術數的一環；此外，有些術數與宗教中的方術亦往往難以分開。現代民間則常將各種術數歸納為五大類別：命、卜、相、醫、山，通稱「五術」。

本叢刊在《四庫全書》的分類基礎上，將術數分為九大類別：占筮、星命、相術、堪輿、選擇、三式、讖諱、理數（陰陽五行）、雜術（其他）。而未收天文、曆譜、算術、宗教方術、醫學。

術數思想與發展──從術到學，乃至合道

我國術數是由上古的占星、卜筮、形法等術發展下來的。其中卜筮之術，是歷經夏商周三代而通過「龜卜、蓍筮」得出卜（筮）辭的一種預測（吉凶成敗）術，之後歸納並結集成書，此即現傳之《易

經》。經過春秋戰國至秦漢之際，受到當時諸子百家的影響、儒家的推崇，遂有《易傳》等的出現，原本是卜筮術書的《易經》，被提升及解讀成有包涵「天地之道（理）」之學。因此，《易・繫辭傳》曰：「易與天地準，故能彌綸天地之道。」

漢代以後，易學中的陰陽學說，與五行、九宮、干支、氣運、災變、律曆、卦氣、讖緯、天人感應說等相結合，形成易學中象數系統。而其他原與《易經》本來沒有關係的術數，如占星、形法、選擇，亦漸漸以易理（象數學說）為依歸。《四庫全書・易類小序》云：「術數之興，多在秦漢以後。要其旨，不出乎陰陽五行，生尅制化。實皆《易》之支派，傅以雜說耳。」至此，術數可謂已由「術」發展成「學」。

及至宋代，術數理論與理學中的河圖洛書、太極圖、邵雍先天之學及皇極經世等學說給合，通過術數以演繹理學中「天地中有一太極，萬物中各有一太極」（《朱子語類》）的思想。術數理論不單已發展至十分成熟，而且也從其學理中衍生一些新的方法或理論，如《梅花易數》、《河洛理數》等。

在傳統上，術數功能往往不止於僅作為趨吉避凶的方術，及「能彌綸天地之道」的學問，亦有其「修心養性」的功能，「與道合一」（修道）的內涵。《素問・上古天真論》：「上古之人，其知道者，法於陰陽，和於術數。」數之意義，不單是外在的算數、歷數、氣數，而是與理學中同等的「道」、「理」--心性的功能，北宋理氣家邵雍對此多有發揮：「聖人之心，是亦數也」、「萬化萬事生乎心」、「心為太極」。《觀物外篇》：「先天之學，心法也。……蓋天地萬物之理，盡在其中矣，心一而不分，則能應萬物。」反過來說，宋代的術數理論，受到當時理學、佛道及宋易影響，認為心性本質上是等同天地之太極。天地萬物氣數規律，能通過內觀自心而有所感知，即是內心也已具備有術數的推演及預測、感知能力；相傳是邵雍所創之《梅花易數》，便是在這樣的背景下誕生。

《易・文言傳》已有「積善之家，必有餘慶；積不善之家，必有餘殃」之說，至漢代流行的災變說及讖緯說，我國數千年來都認為天災，異常天象（自然現象），皆與一國或一地的施政者失德有關；下

至家族、個人之盛衰，也都與一族一人之德行修養有關。因此，我國術數中除了吉凶盛衰理數之外，人心的德行修養，也是趨吉避凶的一個關鍵因素。

術數與宗教、修道

在這種思想之下，我國術數不單只是附屬於巫術或宗教行為的方術，又往往是一種宗教的修煉手段──通過術數，以知陰陽，乃至合陰陽（道）。「其知道者，法於陰陽，和於術數。」例如，「奇門遁甲」術中，即分為「術奇門」與「法奇門」兩大類。「法奇門」中有大量道教中符籙、手印、存想、內煉的內容，是道教內丹外法的一種重要外法修煉體系。甚至在雷法一系的修煉上，亦大量應用了術數內容。此外，相術、堪輿術中也有修煉望氣（氣的形狀、顏色）的方法；堪輿家除了選擇陰陽宅之吉凶外，也有道教中選擇適合修道環境（法、財、侶、地中的地）的方法，以至通過堪輿術觀察天地山川陰陽之氣，亦成為領悟陰陽金丹大道的一途。

易學體系以外的術數與的少數民族的術數

我國術數中，也有不用或不全用易理作為其理論依據的，如揚雄的《太玄》、司馬光的《潛虛》。也有一些占卜法、雜術不屬於《易經》系統，不過對後世影響較少而已。

外來宗教及少數民族中也有不少雖受漢文化影響（如陰陽、五行、二十八宿等學說。）但仍自成系統的術數，如古代的西夏、突厥、吐魯番等占卜及星占術，藏族中有多種藏傳佛教占卜術、苯教占卜術、擇吉術、推命術、相術等；北方少數民族有薩滿教占卜術；不少少數民族如水族、白族、布朗族、佤族、彝族、苗族等，皆有占雞（卦）草卜、雞蛋卜等術，納西族的占星術、占卜術，彝族畢摩的推命術、占卜術……等等，都是屬於《易經》體系以外的術數。相對上，外國傳入的術數以及其理論，對我國術數影響更大。

曆法、推步術與外來術數的影響

我國的術數與曆法的關係非常緊密。早期的術數中，很多是利用星宿或星宿組合的位置（如某星在某州或某宮某度）付予某種吉凶意義，并據之以推演，例如歲星（木星）、月將（某月太陽所躔之宮次）等。不過，由於不同的古代曆法推步的誤差及歲差的問題，若干年後，其術數所用之星辰的位置，已與真實星辰的位置不一樣了；此如歲星（木星），早期的曆法及術數以十二年為一周期（以應地支），與木星真實周期十一點八六年，每幾十年便錯一宮。後來術家又設一「太歲」的假想星體來解決，是歲星運行的相反，要到雨水節氣後太陽才躔娵訾之次而稱作「登明亥將」，至宋代，因歲差的關係，要到雨水節氣後太陽才躔娵訾之次，當時沈括提出了修正，但明清時六壬術中「月將」仍然沿用宋代沈括修正的起法沒有再修正。

由於以真實星象周期的推步術是非常繁複，而且古代星象推步術本身亦有不少誤差，大多數術數除依曆書保留了太陽（節氣）、太陰（月相）的簡單宮次計算外，漸漸形成根據干支、日月等的各自起例，以起出其他具有不同含義的眾多假想星象及神煞系統。唐宋以後，我國絕大部分術數都主要沿用這一系統，也出現了不少完全脫離真實星象的術數，如《子平術》、《紫微斗數》、《鐵版神數》等。後來就連一些利用真實星辰位置的術數，如《七政四餘術》及選擇法中的《天星選擇》，也已與假想星象及神煞混合而使用了。

隨着古代外國曆（推步）、術數的傳入，如唐代傳入的印度曆法及術數，元代傳入的回回曆等，術數的傳入，如唐代傳入的印度占星術中羅睺星、計都星等而形成四餘星，又通過阿拉伯占星術而吸收了其中來自希臘、巴比倫占星術的黃道十二宮、四大（四元素）學說（地、水、火、風），並與我國傳統的二十八宿、五行說、神煞系統並存而形成《七政四餘術》。此外，一些術數中的北斗星名，不用我國傳統的星名：天樞、天璇、天璣、天權、玉衡、開陽、搖光，而是使用來自印度梵文所譯的：貪狼、巨

門、祿存、文曲，廉貞、武曲、破軍等，此明顯是受到唐代從印度傳入的曆法及占星術所影響。如星命術中的《紫微斗數》及堪輿術中的《撼龍經》等文獻中，其星皆用印度譯名。及至清初《時憲曆》，置閏之法則改用西法「定氣」。清代以後的術數，又作過不少的調整。

此外，我國相術中的面相術、手相術，唐宋之際受印度相術影響頗大，至民國初年，又通過翻譯歐西、日本的相術書籍而大量吸收歐西相術的內容，形成了現代我國坊間流行的新式相術。

陰陽學——術數在古代、官方管理及外國的影響

術數在古代社會中一直扮演着一個非常重要的角色，影響層面不單只是某一階層、某一職業、某一年齡的人，而是上自帝王，下至普通百姓，從出生到死亡，不論是生活上的小事如洗髮、出行等，大事如建房、入伙、出兵等，從個人、家族以至國家，從天文、氣象、地理到人事、軍事，從民俗、學術到宗教，都離不開術數的應用。我國最晚在唐代開始，已把以上術數之學，稱作陰陽（學），行術數者稱陰陽人。（敦煌文書、斯四三二七唐《師師漫語話》：「以下說陰陽人謾語話」，此說法後來傳入日本，今日本人稱行術數者為「陰陽師」）。一直到了清末，欽天監中負責陰陽術數的官員中，以及民間術數之士，仍名陰陽生。

古代政府的中欽天監（司天監），除了負責天文、曆法、輿地之外，亦精通其他如星占、選擇、堪輿等術數，除在皇室人員及朝庭中應用外，也定期頒行日書、修定術數，使民間對於天文、日曆用事吉凶及使用其他術數時，有所依從。

我國古代政府對官方及民間陰陽學及陰陽官員，從其內容、人員的選拔、培訓、認證、考核、律法監管等，都有制度。至明清兩代，其制度更為完善、嚴格。

宋代官學之中，課程中已有陰陽學及其考試的內容。（宋徽宗崇寧三年〔一一零四年〕崇寧算學令：「諸學生習……並曆算、三式、天文書。」「諸試……三式即射覆及預占三日陰陽風雨。天文即預

定一月或一季分野災祥，並以依經備草合問為通。」

金代司天臺，從民間「草澤人」（即民間習術數人士）考試選拔：「其試之制，以《宣明曆》試推步，及《婚書》、《地理新書》試合婚、安葬，並《易》筮法，六壬課、三命、五星之術。」（《金史》卷五十一·志第三十二·選舉一）

元代為進一步加強官方陰陽學對民間的影響、管理、控制及培育，除沿襲宋代、金代在司天監掌管陰陽學及中央的官學陰陽學課程之外，更在地方上增設陰陽學課程（《元史·選舉志一》：「世祖至元二十八年夏六月始置諸路陰陽學。」）地方上也設陰陽學教授員，培育及管轄地方陰陽人。（《元史·選舉志一》：「（元仁宗）延祐初，令陰陽人依儒醫例，於路、府、州設教授員，凡陰陽人皆管轄之，而上屬於太史焉。」）自此，民間的陰陽術士（陰陽人），被納入官方的管轄之下。

至明清兩代，陰陽學制度更為完善。中央欽天監掌管陰陽學，明代地方縣設陰陽學正術，各州設陰陽學典術，各縣設陰陽學訓術。陰陽人從地方陰陽學肄業或被選拔出來後，再送到欽天監考試。（《大明會典》卷二二三：「凡天下府州縣舉到陰陽人堪任正術等官者，俱從吏部送（欽天監），考中、送回選用；不中者發回原籍為民，原保官吏治罪。」）清代大致沿用明制，凡陰陽術數之流，悉歸中央欽天監及地方陰陽官員管理、培訓、認證。至今尚有「紹興府陰陽印」、「東光縣陰陽學記」等明代銅印，及某某縣某某之清代陰陽執照等傳世。

清代欽天監漏刻科對官員要求甚為嚴格。《大清會典》「國子監」規定：「凡算學之教，設肄業生。滿洲十有二人，蒙古、漢軍各六人，於各旗官學內考取。漢十有二人，於舉人、貢監生童內考取。」學生在官學肄業、貢監生肄業或考得舉人後，經過了五年對天文、算法、陰陽學的學習，其中精通陰陽術數者，會送往漏刻科。而在欽天監供職的官員，《大清會典則例》「欽天監」規定：「本監官生三年考核一次，術業精通者，保題升用。不及者，停其升轉，再加學習。如能黽

勉供職，即予開復。仍不及者，降職一等，再令學習三年，能習熟者，准予開復，仍不能者，黜退。」

除定期考核以定其升用降職外，《大清律例》中對陰陽術士不準確的推斷（妄言禍福）是要治罪的。

《大清律例·一七八·術七·妄言禍福》：「凡陰陽術士，不許於大小文武官員之家妄言禍福，違者杖一百。其依經推算星命卜課，不在禁限。」大小文武官員延請的陰陽術士，自然是以欽天監漏刻科官員或地方陰陽官員為主。

官方陰陽學制度也影響鄰國如朝鮮、日本、越南等地，一直到了民國時期，鄰國仍然沿用著我國的多種術數。而我國的漢族術數，在古代甚至影響遍及西夏、突厥、吐蕃、阿拉伯、印度、東南亞諸國。

術數研究

術數在我國古代社會雖然影響深遠，「是傳統中國理念中的一門科學，從傳統的陰陽、五行、九宮、八卦、河圖、洛書等觀念作大自然的研究。……傳統中國的天文學、數學、煉丹術等，要到上世紀中葉始受世界學者肯定。可是，術數還未受到應得的注意。術數在傳統中國科技史、思想史、文化史、社會史，甚至軍事史都有一定的影響。……更進一步了解術數，我們將更能了解中國歷史的全貌。」（何丙郁《術數、天文與醫學中國科技史的新視野》，香港城市大學中國文化中心。）

可是術數至今一直不受正統學界所重視，加上術家藏秘自珍，又揚言天機不可洩漏，「（術數）乃吾國科學與哲學融貫而成一種學說，數千年來傳衍嬗變，或隱或現，全賴一二有心人為之繼續維繫，賴以不絕，其中確有學術上研究之價值，非徒癡人說夢，荒誕不經之謂也。其所以至今不能在科學中成立一種地位者，實有數因。蓋古代士大夫階級目醫卜星相為九流之學，多恥道之；而發明諸大師又故為恍迷離之辭，以待後人探索；間有一二賢者有所發明，亦秘莫如深，既恐洩天地之秘，復恐譏為旁門左道，始終不肯公開研究，成立一有系統說明之書籍，貽之後世。故居今日而欲研究此種學術，實一極困難之事。」（民國徐樂吾《子平真詮評註》，方重審序）

現存的術數古籍，除極少數是唐、宋、元的版本外，絕大多數是明、清兩代的版本。其內容也主要是明、清兩代流行的術數，唐宋或以前的術數及其書籍，大部分均已失傳，只能從史料記載、出土文獻、敦煌遺書中稍窺一鱗半爪。

術數版本

坊間術數古籍版本，大多是晚清書坊之翻刻本及民國書賈之重排本，其中豕亥魚魯，或任意增刪，往往文意全非，以至不能卒讀。現今不論是術數愛好者，還是民俗、史學、社會、文化、版本等學術研究者，要想得一常見術數書籍的善本、原版，已經非常困難，更遑論如稿本、鈔本、孤本等珍稀版本。

在文獻不足及缺乏善本的情況下，要想對術數的源流、理法、及其影響，作全面深入的研究，幾不可能。

有見及此，本叢刊編校小組經多年努力及多方協助，在海內外搜羅了二十世紀六十年代以前漢文為主的術數類善本、珍本、鈔本、孤本、稿本、批校本等數百種，精選出其中最佳版本，分別輯入兩個系列：

一、心一堂術數古籍珍本叢刊
二、心一堂術數古籍整理叢刊

前者以最新數碼（數位）技術清理、修復珍本原本的版面，更正明顯的錯訛，部分善本更以原色彩色精印，務求更勝原本。並以每百多種珍本、一百二十冊為一輯，分輯出版，以饗讀者。

後者延請、稿約有關專家、學者，以善本、珍本等作底本，參以其他版本，古籍進行審定、校勘、注釋，務求打造一最善版本，方便現代人閱讀、理解、研究等之用。

限於編校小組的水平，版本選擇及考證、文字修正、提要內容等方面，恐有疏漏及舛誤之處，懇請方家不吝指正。

心一堂術數古籍 整理 叢刊編校小組

二零零九年七月序
二零一四年九月第三次修訂

紫微斗數宣微 二

紫微斗數勘誤表

斗數宣微

果圓居士題

乙亥立冬節

紫微斗數宣微下卷目錄

余於戊辰秋九月。曾印就一種宣微初集。出書之次。均被友人携去。而自
無餘。迨後因被數次激刺雖生出無限感想。而學理突增令人淡泊之念
又減勿怪古人有秘不傳或奇貨可居熱心之初。正是灰心之始。即所謂
不作風波於世上。自無冰炭到胸中。眞有古今同情之感。然吾人學識之
進步。必須見挫折被擠兌。方能有成自當抱有百折不回之心。故對於第
二集之發刊。而謹愼從事。不貽悔於將來。屢經李明庶謝彌安郭壽同舒
養拙馬道存汪太冲張申府陳叔良孫光輔孔星橋薛子敬張雲溪諸位
先生之督促付梓情不獲已乃於今夏重爲編製送由天華館主酌核辦
理。而余所欲枕山打睡之機緣又杳如黃鶴矣是爲記。
中華民國二十四年歲次乙亥白露日栽珊識於觀雲草堂

觀雲草堂跋語

雲者氣也。有變化莫測之象。風雲變化。天地為動。人事
亦然。觀雲者、蓋設身局外而靜觀之。決非一味樂山愛
水之流。與人世無關痛癢者也。至觀雲寄身於斯堂或
別有所觀而藏光隱形以樂於此堂者豈可得乎。余為
書額并跋。

光輔孫承烈

命身之關係

人之生也受氣於父成形於母。父精母血卽此意也。受氣於父爲陽爲先天。又以陰

論成形於母爲陰屬後天。又以陽論用此講命始能切乎人事何則比如日月之分。

明則爲陽暗則爲陰受氣爲暗成形爲明。故陽中之陰爲命先天也陰中之陽爲身。

後天也先天之陽爲體陰則爲用後天之陰爲體陽則爲用取其體用爲人之身命。

其實人之身命又皆立於後天先天後天合而爲一不能離也稱身命宮者乃容量

其固有之靈氣卽有所憑依吾人每有立於後天而强求先天者豈不知盡在吾人

之中通俗上每對於先天後天之道又以迷信視之不知吾人固有之一切卽先後

天也先後天之道卽當時之人事也不得謂之迷信而迷信固不能少按迷信本爲

無中生有有中生無之意古今中外人士皆難免也豈不知既登此人世卽講人事

可也人事何卽有與無也無非有中生無無中生有之意通常人至無可奈何時有

云棄我後天之身而從我先天之命。此退陽進陰動極思靜之意又何能離此天父

地母。人至病危與急難之時。每多呼母罕有呼父者。情因母有慈愛而惜吾身也。此所謂嚴父慈母也。又因與地母相離而歸天父。是棄我後天之身從我先天之命。故人生世間乃天命也。吾人往往至無能為與喜怒哀樂之際而呼天是問命於天。而祝禱者也。或有怨天者。亦是有中思無之意。究屬有天。故敢斷言曰有世界即有天。有天即有迷信。而所迷信者皆世間之人事也。亦天地所造成迷信固不能少也。不迷信無以搜求不搜求無以進化迷信尤須專心致之。方能有得如聲光化電以及求其無也。始能似今之所見所聞。如由無聲電影而生出有聲電影由有線之電話。各種科學何嘗不由迷信而至進化又何嘗不是吾人之事也皆無中生有有中復而生出無線之電話雖然尤未已也故余對於原斗數書中義理亦根據此意又不僅於此哲學一道為然也。命屬陰無影無形。身屬陽有形有影命為無形身為有形。是一定不移之理。無形之命人不能見故每懷疑有形之身。人能見之。故每論其為人如何心性如何。體質如何此通常之見解人人易曉未必的確究竟某人心性如

命身之關係

二一

何。及環境之優劣。與夫將來之富貴貧賤壽夭。非搜查其身命不能洞澈其精微也。

是以守身之星。與附屬之星。或屬某星兼屬某星。是何等心性及形影。便是斯入之

心性與形影也。惟人之心性與形影。每聽命爲轉移。每聽星曜爲轉移。每聽運爲轉

移。每聽所感受者爲轉移。然絲毫不能離於命也。以命爲中樞。若無命則身死身死

則命終。有任自己心性而不聽命與其他者。必難如意。或觸機小有如意亦難持久。

詳查之亦與命合。有時任自己心性僥倖而隨我所欲。亦必與我之命運感受相合。

然又多有怨命與恨身者。而我如何不及他人。蓋不知命。不知身。不知所秉賦者爲

方克有濟。若無那等身命。又無那等機緣。或機緣未至。斷難免強斷難戰勝天地自

何如而任自己心性爲可能。每見此等人負氣。亦頗可憐。蓋不知天高地厚之所以

然人之強弱智愚決不能齊。即相關於身命也。經云身強命弱有貧苦。命強身弱亦

天亡身命相關蓋有由矣。曠觀世人爲名利者多。爲身命者有幾人哉。命屬先天之

陰身屬後天之陽。所以原斗數書中。載明數至生月起時辰逆囘安命順行安身逆

回安命者先天也。順行安身者後天也其實身命均有陰陽空白十二宮為有極身

命定後如兩儀之分承父母之遺體自此則立於天地間矣佈齊星曜如人之行止

卽是臨于此四象八卦之上經過子午卯酉度過春夏秋冬也以有形之身秉諸無

形之命行於天地之間卽如履於全盤十二宮中而動靜均聽星曜之指導星曜主

動吾身吾命決難求靜星曜主靜吾身吾命決難求動動靜皆由星曜主持吾人一

時一刻不能免强也吾人之身命亦難躍出此十二宮中星曜取義乃代表天地構

造之氣與萬事之綱領也悉其綱領始可談命講身命者法雖不同其理則一也亦

是人類中一種之規定故大學壹是皆以修身為本中庸首言天命古聖先賢又何

嘗不講身命一切也哉命為氣身為形氣凝則成形命為氣身為血氣血相合而成

人命與身乃天地構造而成不僅吾人也萬物同然構造之精無不備有而又以吾

人之身命往取之不盡用之不竭是造物者之無盡藏也既無盡藏則搜索之。

研究之際此文明昌盛進化神速真有一日千里之勢若將身命之理列入科學研

究之必日益精深。西洋對於命學以天文算學醫理手相等法考驗幷詳較人身所

獲有之成分。而再比較多寡輕重純駮。以定生人之富貴貧賤窮通壽夭。其於命理

而在形跡求之爲多。我國每假古人遺傳之法而定命。神妙者固亦不少。至於面相

手相言語聲音及一切起居動靜。亦能求之於形跡。幷能預測將來之變化。按此身命哲學列

少爲。若以斗數法定之。亦能求之於形跡。精詳者雖不多見。深通者不爲

入中醫學分門研究。作一種預言之法。以防不測。豈不更進一層。若以身命學爲空

談爲迷信或懷疑。未免失之太甚矣。

天爲陽。地爲陰。父地爲陰。爲母。天一數地二數。此三數相合則生人。天一地二人三。所以

人生世間。爲第三者。三數屬陽。卽吾人之身也。而全體又秉乎天地陰陽之氣。天開

於子爲水。地關於丑爲土。人生於寅爲木。亦列於三數。故賴天地而生。又賴天地而

長。更賴天地而養。吾人之身始能存乎天地之間。經營人事。甲乙丙屬於天干。而丙

爲第三者。丙火生於寅。而死於酉。丙爲太陽之火。自東而升至西則沒。諺云人生於

東人死歸西卽此意也人與萬物非大陽不能生長養又人以頭部爲主屬於丙爲

目爲陽明故論斷人身先問其面部爲如何然後及於高矮胖瘦明其義理則預言

可得一把握也。

吾人獲此第三者之位立於天地之間爲人當盡此第三者之事事者人事也凡天

地之所有皆人事也是人秉賦天地而生復搜索天地之事競競業業不忘於勤卽

盡人事也卽盡天職也古聖先賢斷無對於歲月而聽其消磨若消磨歲月之流亦

斷不能稱聖稱賢若稱聖稱賢必能盡第三者之事也

人生世間當然仰賴父母撫育之培養之教導之雖至於成仍不免惦念頃刻不失

於懷此愛子之情切爲人子者承父母之培植而人子供養父母如父母之待子而

情切者少矣若順乎父母之心斯盡孝子之義不忘父母之恩而宣父母之愛可稱

盡人子之事也人子之事卽人事之本根天爲父地爲母人人所知古語有云若洩

天地之密爲造物者所忌吾曰不然若順乎天地之情卽世間之人事也研究天地

看命之理解

四

之道即世間之所有也不忘天地之妙即求其精微也而宣天地之教即傳揚天地

博愛之義也如有所得於心而筆諸於書以告世界後世此正發表其好生之德又

何忌之有可稱盡人子之事也古人惑於所忌之言航誤多少進化況為父母者未

有不傾心傾囊而教子使其子盡其良智良能較為父母者盛強百倍方合父母之

願為人子者承父母之心必邀父母所喜父母經營之事業為已所備者十之二。

為子所備者十之八九深喜其運用也故天地間一切如土地山川之所產日月之

光雨露之潤皆為吾人之所備天地亦喜吾人採取之運用之至於萬物萬事未有

不傾心而教之傾囊而與之也較天地之造物尤能盛強百倍方合天地之願吾故

曰古語所云蓋誤解所忌也斗數之書為萬物萬事之綱又為研究萬事萬能之法。

屬於我國哲學無上品天地亦喜吾人研究之至於精微方合天地之願是真造物

者無盡藏也由此言之吾人之身命担負天地間亦大矣哉若虛度歲月而待髮白

身衰亦無能為也而尚不知生於世間為何事豈不大背乎天地固有之靈氣而擲

身命於無益之地也哉。

看命之理解

宇宙之大事物之繁大而治平。小而格物。有心人自無不講求所得固有淺深不外乎以理解之斗數一書以一紙命盤何能包羅萬象。原假六十三位星曜定人身命與其他諸星及流年所經諸星即能判定吾人一生之境遇不亦神乎然以理解之。不僅吾人一生身命之內其他無所不有。有世間只有方圓兩箇形勢其凹凸兩箇形勢亦在方圓之中比如太陰屬於方而凹太陽屬於圓而凸星曜亦然先取出一位星曜定出水火木金土五行中屬於何行辨以陰陽別以凸凹再究該星曜之心性。落於何方應當如何落于何宮應當如何與其他星曜相遇又當如何加以意度加以比擬加以形容或指實一種或虛設一事考查的碻再與原書相叅隨手筆記如遇看命以之判定自然應驗如神精心求之不外乎理想若再有所得仍續之於後。必漸漸入於玄奧矣命盤中雖有千變萬化百考終有一得。極其精微莫不由於工

夫中得來。惟人之聰明智慧。有深淺之別。腦力遲速自不同耳若由此數學入步。凡世間之哲理皆可以捷足先登。

看命之論斷

看命斷法友人時來質問。余每告以不看原書故看命時。對於斷法無所指手。友人云。書內詞句已記其大半。講命者十之七八。其他各宮。多有混合或未言及實不得其要領余按原書之理。與實地考驗有效者答之曰凡原書中無論身命無論男女命。有語皆可置於十二宮中論斷友人仍未解其意。余復摘句詳言之。

假如斗數骨髓賦注解所云梁居午位官資清顯因午宮安命天梁坐守是也丁生人上格。已生人次之。癸生人主富又次之。若命盤上他宮得此午方天梁星曜亦可借斷雖不能官資清顯當然見出清高孤峰謹慎聰穎如加煞被衝或復雜不純則孤弱苦寒之意必有其他情節矣又如巨門天機居卯爲旺亦主破蕩無論男女身命臨之及其他宮又何嘗不如是功名富貴亦不能無破蕩之人又如極居卯酉多

如脫俗僧人紫微為北極如坐守命宮加煞主僧道無煞加吉最佳附有左右主貴。

有聲名若子方安命以卯為田宅宮則田宅富有亦可據此為斷入於其他各宮均可推廣斯意全盤以紫府為樞杻其次日月之旋轉其次則煞破狼之分布以四化為用神以流年四化流祿流羊流陀流馬咸池大耗紅鸞天喜等星又為用神斷事自然神妙太歲三煞等星更不可少。

余在第一集斗數宣微雜論中有云以命垣前一宮為父母宮其上為福德以福德宮作祖父宮看以田宅宮作曾祖宮看高祖以上按次推之遇羊陀主該代分家析產之類遇破軍大耗火鈴等星主該代破家敗業或先破後成之類如見宮內眾吉相聚當然該代興隆如遇煞破狼之代多為外出創業不承祖業之人此法可考以上祖先十二代之盛衰以子女宮往下推至財帛宮作嫡孫侄孫宮看以疾厄宮作曾孫宮看玄孫以下按次推之可知後裔十二代之強弱人道即天道變化無盡期。週而復始如春夏秋冬四時流行之意必須參合對宮互相考證較妥比如父母宮

是廉貪其父母之命盤三合。多有廉貪其父母宮爲七煞。其父母之命盤三合必見

七煞。其子女宮是同梁。其子女之命盤三合必有同梁。其餘一切由此法推測莫不

皆然。頗有深意存焉。

蓋剝復循還之事。家家所遇人人所有。萬勿耻其一時。而自己雖不作可耻之事。亦

不可耻于人。若考上下代。以及本身准無可耻之事乎耻之一字雖聖賢不免。如以

上之斷法。亦可加在推出各宮再論定之。

如祖父宮或曾祖宮。如天梁在午。有祿無煞。諸星擁護必然此代光榮。又如巨機之

類入於祖父宮或曾祖宮。此代定有破蕩敗業。或見先後破家之人。其於兄弟妻妾

嫡孫曾孫各宮。以至大小限運莫不皆然。雖云破蕩。亦係爭強之人。惟事與心違所

處環境不能由己耳。按經云巨機同宮公卿之位。加吉方論。余謂至公卿之位者未

必不爲破蕩之人公卿自是公卿。破蕩自是破蕩。而破蕩者亦能有至公卿。若無吉

則下等破蕩必矣其他各宮與原斗數之註解如此借用論斷可也又如擎羊火星。

威權出眾同行貪武威壓邊夷辰戌丑未安命。如此斷若臨于兄弟妻姜等宮則兄

弟妻姜固不能兵權萬里然威壓家庭或鄰里以及親朋令人生畏慨可想見或衝

散別居其他之宮皆以此推求爲人談判無不中的。

運限之假借

原斗數書中對於運限只論三方四正與流年諸吉凶星尤有未盡者茲中明之亦

可考證此法名曰運限之假借又爲命垣之轉移卽全盤十二宮移動之意有大限

十年之假借有小限一年之假借比如今年大運交入寅方卽借寅方爲此十年之

命垣以戌方爲財帛宮午方爲官祿宮其他各宮均作移動如看小限管一年之吉

凶卽以本年小運之方位作一年之命垣其他各宮亦皆旋轉加以流年星曜斷驗

驚奇。

命盤定准後比如命落寅方按順行大運論現行大運出寅入卯則將命垣借置於

卯方若大運逆行則命垣皆逆行其他各宮亦隨此大運之借置按次移動若小運

入申。即將命垣移轉申方。小運順行則命垣亦順行。小運逆行則命垣亦逆行。其他

各宮亦隨此小運按次移動。則以辰為財帛以子為官祿此一年之運限與命垣及

其他各宮也若至次年。小運入酉則命垣即移於酉方矣。其他各宮仍隨之而動。原

命盤中之命垣。為一生無動之命垣。此為十年有動之命垣。與一年有動之命垣也。

故觸機必發而看命之活有如此。惟仍不能離於全盤總關照以定吉凶是為至要。

假如看命本年小運與身命垣。無大凶險而突遭不測。或係年前之運限不吉。或次

年之運限不吉有延長月令。與不延長月令之分必須前後照應。

蓋天地之大世界之廣萬國交通何能生於斯居於斯而死於斯流年吉凶星曜皆

有旋轉運限亦有旋轉。命垣亦有旋轉。故吾人一生之感受有千變萬化之境遇死

盤活用自然入於玄奧矣吾人如一法輪。命盤亦如一法輪此法輪常轉亦猶隨世

界法輪常轉。及天地內外之法輪常轉也尚有其他活盤之講解容再發表。

相契之鑑別

斗數宣微

人以類聚物以羣分。無論其爲善爲惡。爲富爲貴。爲貧爲賤莫不以相契而後方可

貫徹一切假如此人是善或惡若與我氣味相投或相處同等之地位與不同等之

地位亦不計其善與惡富與貴貧與賤也皆有容納之地步或愛之或畏之或使令

之。或委託之偶有不相契處亦不肯舍去或離之。而復合或復離皆意中事也或善

與善相契惡與惡相契又有一言之相契一時之相契一日之相契一月之相契一

年數年數十年及一生之相契又有免强相契與不相契及僞相契之分不論古今

之人滿我意者卽相契也不滿我意者卽不相契也又有在滿意與不滿意之間與

似相契而不盡相契之別。

比如大運行於寅方在此十年內相會合者爲一般人大運臨卯而會合者又是一

般人所以人之一生所遇者必有多少變遷何能盡爲相契因時光已過有相契者。

而想再謀一面亦不可得眞令人發生一種感想不相契者復又見面亦令人發出

一種遺恨惟久別之眞相契一日相遇自然有一種痛快淋漓之長談蓋至情也,

相契之鑑別

八一

凡相契者必有相諍因關心深切。或因列於同等之心性思想行為或各有遲緩各有喜忌始而相契久則相諍不相契則無相諍無相諍則不眞相契也況相契之種類甚繁又有相契無諍與相契無言之分其退有後言者亦世間必不可少者也朋友中有諍友不易得家庭中尤難得妻妾中之諍友而福澤益深矣看命者無論自看與人看對于相契處當鑑別之以他人之命盤校對我之命盤如父子母女夫妻朋友之間婚姻之事以至種種之事體相契者可望成就相契者即相合也若加殺離合必有衝破假如命垣在巳天相坐守身垣在卯紫貪坐守與此兩宮附屬之星及三方星曜相同者方能相契相合其次夾命夾身亦有之如遷移宮為武破而所遇者多武破也或官祿宮亦然如田宅宮有廉貞合貪狼同居同院。定有此等人雖非眞相契而亦不能不敷衍其他往來親朋亦多如是。又如妻妾子女為一家人雖有不喜愛者必有不良之表現。而亦無法同事工作人亦如是理命盤中身命三合四正有相同之星曜自然相合。若不相同相合必有生死別離不得

謂之相契矣。若研究心性之邪正愛情之短長至於一切緣法。須於此道求之可也。

巨門太陽天梁天同天機文昌等星曜守身命者。或對方來合。多入法律醫學各界。

其次或卜士星相之流。因多屬於是非藝之宿不然亦爭名利於是場中佳者

則在外交上崢嶸如羅文幹總長八字己丑年三月十二日戌時生。巨門守命垣在

午身宮化忌法律辯護在外交席上爭持一切。其黎炳文先生字雅亭爲有清時代

進士入法律界擔任辯護八字庚辰年九月初七日巳時生巨門守命垣在巳又如

王質卿大夫太陽天梁在卯。其他醫士太陽守身命垣者衆多佳運則入於宦途權

貴劣運則入於九流術士及各慈善團體相契之義理。即是七煞找七煞破軍尋破

軍昌曲與昌曲相近魁鉞與魁鉞往來。故同類相聚同氣相求。惟看命者當要認定

命盤爲何等人與何等人相近與何等人相遠便可以暢談無差。

劉冠雄總長咸豐十一年辛酉四月二十八日亥時生。破軍守命垣在午。張作相軍

長光緒七年辛巳二月初九日卯時生破軍守命垣在子子午破軍各有不同。

今人命格

父母 天刑 天馬 陀羅 地空 地刧 貪狼 廉貞 天恩 天虛 天光	福德 祿存 巨門 化忌 博士 命主 亡	田宅 華蓋 擎羊 天哭 天相 空	官祿 刧煞 天詔 天梁 化權 天同 八十六
命垣 身垣 太陰 化祿 文昌 鈴星 大耗 紅鸞 初六	丁亥四十九歲九月十五日午時 陰年男命 火六局 蔣中正主席 丁亥 己巳 庚戌 庚午		奴僕 斗君 破碎 天姚 天鉞 天使 七煞 武曲 七十六
兄弟 天府 火星 龍池 天才 天壽 十六	命垣納音覆燈火入火六局		遷移 太陽 文曲 寡宿 天喜 六十六
妻妾 孤辰 天官 三台 右弼 二十六	子女 破軍 紫微 小運 三十六	財帛 咸池 天空 八座 左輔 天機 科 身主 大運 四十六	疾厄 太歲 天福 天貴 鳳閣 天魁 天殤 五十六

正 傍

太陰守身命命垣在辰爲失輝輕云陰陽反背反大貴陰陽在辰戌丑未本有互相照合之意遷移宮太陽來合日月相會合可謂昌曲並臨祿權之垣文曲文昌來合可謂昌曲爲極旺太陽來合日月相會合可謂昌曲並臨祿權之科三奇拱照賦云科權祿拱名譽昭彰又云陰陽會昌曲出世榮華此亦似之太陰遷移宮復得魁鉞相夾尤美按以上種種之權貴主大客在外光榮遷移宮亦作飄蓬之富貴鈴星主聰明機警大耗主奔波不寧操心勞力消耗精神大運行丑即強台直上執掌中華亦云偉矣四十六歲左右申辰來合定主威震華夷惟對方巨門化忌爲是非多事之宿恐難坐享安逸矣本年乙亥化忌流羊大耗紅鸞入身命垣主勞碌不寧小限紫破復入見剋制明年驛馬傍刧大耗入田宅化忌入相貌宮非安靖之象戊寅年行陀羅大耗之鄉勞碌不安

太陽祿 天喜 天空 天辰 孤 剋煞 父母 小運 十四	破軍 鳳閣 天福 福德 二十四 劫	天機 天鉞 陀羅 三台 八座 田宅 三十四 路	紫微天府 祿存 鈴星 龍池 天才 博士 官祿 四十四 空
武曲權 左輔 天壽 台輔 太歲 天同 忌 初四 命垣 兄弟	命垣納音庚辰白蠟金入金四局 黃郛總理 戊　己　庚 戌　卯　辰 丙 申	庚辰光緒六年正月廿八日戌時生 陽年男命　金四局	太陰科 咸池 天刑 擎羊 天殤 劫 斗君 大運 五十四 奴僕 亡 貪狼 右弼 天廬 六十四 遷移
天哭 恩光 天馬 文曲 七煞 妻妾	破碎 寡宿 天姚 天魁 地空 天梁 子女	封誥 火星 文昌 天相 廉貞 身主 命主 身垣 財帛	巨門 天使 紅鸞 天官 大耗 厄疾

武曲左輔守命垣在辰入廟賦云
武曲廟垣威名赫奕貪狼右弼來
合附有化權文武為良財官雙美
書云貪武墓中居三十纔發福貴
府祿存博士天相文昌加會富貴
壽考三十歲左右大運行於剋路
空亡之內官途不甚得意交四十
四歲入官祿宮一鳴驚人更為金
之故官祿鈴星身垣火星亦主握
柄不久大運入酉非前可比入戌
空則鳴之確證惟祿存臨於官祿
宮有擎兌被迫之虞因羊陀相夾
戌年雙化忌夾小限幷命垣盤頓
武貪相會煞破同到權位極隆甲
以紫府武貪等星稱貴乙亥年流
羊入命垣幷命垣小運太陽天馬主
華北有不已之著衷三方來合所
戌大耗入命垣幷小運吉中藏
剋陽星對方巨門大耗天使太歲
有是非主變動非吉明年入剋羊
陀太歲衝身命垣幷小運吉中藏
凶又因大耗入田宅化忌入身垣
之故戊寅己卯兩年變化莫測

斗數宣微

大耗　紅鸞　火星　天殤梁 甲子入此宮壬戌 小運臨之不吉 五十二 小運　奴僕	封誥　天壽　文昌　左輔　七煞 身主 六十二 大運　遷移	寡宿　天官　鈴星　天鉞　天使　地空 行甲子入此宮 五十二歲　疾厄 吳佩孚將軍	天虛　天馬　文曲　右弼　廉貞 化祿 財帛　身垣　長生　天福
天虛　紫微天相 四十二　官祿		甲戌六十二歲同治十三年三月初 七日辰時生 陽年男命 水二局	子女　路空
咸池　天姚　擎羊　地刦　巨門天機 三十二　田宅	命垣納音丙子澗下水入水二局 甲戌　戊辰　己酉　戊辰		華蓋　台輔　天才　破軍 化權　太歲　妻妾
龍池　八座　祿存　貪狼 命主博士 二十二　福德	破碎　天貴　陀羅　天魁　太陰　太陽 化忌 斗君　父每 十二	鳳閣　三台　天府　武曲 化科 命垣　初二	天刑　孤辰　天空　恩光　天虛　天同 刦煞 兄弟

武曲天府守命垣在子附
有三台鳳閣化科文武為
良。紫微七煞廉貞天相左
右昌曲化祿會照武職威
勇。福祿聰明。七煞來合可
謂朝斗格一生爵祿榮昌。
經云府相同來會命宮全
家食祿又為府相朝垣之
格富貴必矣訣云府相朝
格最良。出仕為官大吉
昌。又云紫府朝垣食祿萬
鍾武曲廟垣威名赫奕廉

貞守身垣在申入廟爲最旺廉貞入身垣。爲次桃花賦性剛强孤高不羣逢帝座執
威權遇祿存主富貴附有化祿對方祿存來合雖落刦路旬空之內更有金空則鳴
之說天馬化祿與對方祿存相合書云天馬驚人甲第大運行辰爲官祿宮祿
權科三奇并三方諸星拱照兵權萬里威震華夷書云科權祿合富貴雙全運限亦
可借斷科權祿拱名譽昭彰所以衣祿之神定主享通之兆大運行巳天梁落陷又
爲火星天殤大耗之鄉飄泊不堪小運行未地空天使鈴星對方化忌故入四蜀
因化祿天馬在申方日元巳酉長生在西南亦喜酉字書云夫子絕糧限到天殤之
內鄧通餓死運逢大耗之鄉項羽英雄限至地空而喪國又云火星鈴星專作禍刦
空殤使禍重重固非如此之甚總是在意思上着想若非命强身强諸吉擁護眞有
不可思議者壬申年斗君在戌武曲化忌太歲壓身垣小運行寅流馬
遇祿亦可謂之祿馬交馳身垣原有祿馬來合故返平現行大運在午合命垣煞破
狠相聚祿權科相會權威並施仁慈大隆丙子小運入午七煞限與大運同宮流羊
三煞歲破力士太歲共衝并相戰於命垣白虎化忌入身垣當有驚人之象小運行
未入地空生變其後入刦勞碌不寧晚景逸樂。

今人命格

奴僕　大運　五十五　傍	遷移　六十五	疾厄　七十五	財帛　空
太陽　文昌（化科）　天殤　祿存　三台　天官　破碎	破軍　地空　擎羊　天貴　天哭　天虛	天機（化權）　左輔　右弼　火星　天使　封誥　大耗	紫微　天府
官祿　四十五　正 武曲　地劫　陀羅　天姚　龍池　華蓋	王克敏總長　陽年男命　土五局　丙子六十歲四月十一日巳時生		**子女　子亡　小運** 文曲　太陰　天鉞　天喜　八座　咸池
田宅　身主　三十五 天同（化祿）　鈴星　紅鸞	乙巳　壬申　壬辰　丙子		**妻妾　身垣　命主** 貪狼　天壽　鳳閣　孤辰
福德　二十五 七煞　天馬　恩光　寡宿	**父母　斗君　十五** 天梁　天空	**命垣　初五** 廉貞（化忌）　天相　天刑　天才　天福	**兄弟** 巨門　天魁　台輔

廉貞天相入命垣在子廉貞和平天相入廟附有化忌生平考其非像貌乃兼孤辰之宿魁鉞夾身命每起高人輔助之力身命夾巨門身垣主風波招非官祿宮武曲入廟主有陀職因落劫可主財賦之官附有紫府羅地劫多屬殘傷不寧之局紫府為財星入財帛宮遇空亡亦多名美朝紫微卽主財權兩旺惟午年天馬朝垣等星顯具衝破之象中大運行官祿宮官途有展之虞現方擎羊等有奔走刧制之處入正之方難免有多動少靜是非爭行大運交二十五歲後七年祿府合七煞武曲天相當有崢嶸府合命垣定有來財之處太歲壓持勞碌不息甲戌年小限行申紫身垣流陀入相貌宮主剋身主流羊入田宅主勤乙亥年太陰限大耗流泊晚年見天喜不吉紅鸞大耗流羊入官祿宮并合身命垣必生流端明年雙羊化忌後年巨門限化忌

心一堂術數古籍珍本叢刊　星命類　紫微斗數系列

命盤（商震主席）

戊子四十八歲八月十六日子時
陽年男命　木三局
空　亡
商震主席

四柱：戊子　辛酉　乙未　丙子

宮位	星曜
財帛（八十三）	破碎　刧煞　祿存　破軍　武曲　博士
子女（九十三）	天盧　天哭　天貴　台輔　擎羊　太陽
妻妾	大耗　天鉞　天府
兄弟	天機化忌　化權　太陰化權　天姚
疾厄（七十三　斗君）	華蓋　龍池　天刑　陀羅　天使　文曲　天同
命垣　身（小運　初三）	紫微　貪狼化祿　天喜　天才　咸池　天壽　命主
遷移（六十三）	天福　天官　紅鸞　右弼　化科
父母（十三）	巨門　文昌　鈴星　鳳閣　寡宿　身主
奴僕（五十三）	孤辰　封誥　三台　天馬　火星　天殤
官祿（四十三）	天空　天魁　七煞　廉貞　傍　正
田宅（三十三　太歲）	恩光　八座　天梁
福德（二十三）	天相　左輔　地刧　地空

紫微貪狼守身命垣在酉無煞主貴，主福壽，附有化祿主財，咸池天喜臨之，更主化高。書云：極居卯酉，多為脫俗之僧，有煞方論，無煞常人主貴，雖無煞亦主孤高不羣。貪狼為次桃花，遇紫微為桃花犯主，天喜咸池，所以為孤也。天魁祿存博士化科，紅鸞右弼，諸吉來合，定主精明幹練。大運行戊昌曲鈴陀，即主峥嵘。大運行子入正空，必有刧制之虞。午上擎羊有衝，在此運內重遇流年凶煞，必生變化。現行大運在丑，雖相合，正富貴齊來滿。官祿宮三方相合，天馬遇火星為戰馬，對方機月化忌，恐難安靜。老運肇榮，此亦煞破狼之格局，有紫微武曲廉貞相邀，諸吉拱照，武職權貴。此造與梁任公先生命盤參看，便知文武不同，運限亦異。

今人命格

奴僕（巳）
巨門 祿　左輔　天使　鳳閣　天才　封誥　天福
孤辰　劫
太歲　天喜
七十五

遷移（午）
咸池　天空　火星　天鉞　天相　廉貞
六十五
身垣

疾厄（未）
天殤　文昌　文曲　天梁
忌　科
五十五
大運
張作相軍長

財帛（申）
陀羅　地空　七煞
長生
四十五
亡

官祿（辰）
太歲　貪狼
官祿

子女（酉）
天同　右弼　祿存
博士
台輔　龍池　天官　破碎
子女
三十五
空

辛巳光緒七年二月初九日卯時生
陰年男命　土五局
陰　　辛巳
　　　辛卯
　　　辛丑
　　　辛卯

命垣納音晉庚子壁上土入土五局

田宅（卯）
太陰
田宅
路

妻妾（戌）
武曲　羊刃　紅鸞　天刑
命主
妻妾
大耗
二十五

破軍

兄弟（亥）
太陽　權　天壽　天虛　天馬
兄弟
十五

福德（寅）
紫微　天府　地劫　天魁　天姚　天光　恩貴
封　劫殺
福德

父母（丑）
鈴星　三台　八座　天哭　寡宿　華蓋
身主
父母
小運

命垣（子）
天機　身主
命垣
初五

破軍臨子入命垣廟地書云破軍
子午宮無煞官資清顯至三公甲
癸生人合格然貪狼七煞加會所
以武職貴權貴廉貞天相守身垣附
有天鉞貴人火星兩衝亦主武職
名振祿科夾身紫府天魁武曲相
合主武主貴運入申方有威權五
十二三兩年不利因大耗太陽限
幷武貪之化忌壬祿在亥擎羊衝
身命垣癸祿在子羊陀夾命寅卯
兩宮各遇流年大耗故不吉乙亥
非祥丙子丁丑又如壬癸兩年有
變化莫測之象小限紫府天馬三
方來合可主權令惟波折不免因
廉貞化忌流羊多衝之意

天梁 陀羅 天姚 龍池 天哭 化科 四十四 大運 財帛	七煞 右弼 祿存 咸池 大耗 博士 子女 亡	擎羊 鈴星 天盧 妻妾 二十四	廉貞 左輔 地劫 天鉞 天喜 天光 天恩 兄弟 十四 傍 天官 鳳閣
紫微 天相 天殤 三台 天壽 身主 疾厄 五十四 小運	命垣納音癸酉劍鋒金入金四局	空 門致中先生 陰年男命　金四局 己丑年四十六歲五月廿一日酉時 己丑 庚午 丙寅 丁酉	破軍 命垣 寡宿 天才 初四八座 正
天機 巨門 命主 台輔 遷移 身垣 六十四 斗君			
貪狼 地空 天使 紅鸞 天福 天空 孤辰 化權 奴僕 七十四 劫煞	太陽 太陰 文昌 文曲 天刑 華蓋 破碎 化忌 官祿 八十四 太歲	武曲 天府 化祿 田宅 火星 天魁	天同 天馬 封誥 福德

鳳閣天官為吉曜守命垣在西主清貴文武官為吉臨於正合劫命之垣內有勞碌文昌武曲並吉卯己生人再合至公卿論難免巨門是非天機中居剋制之虞然命不甚純之宿不斷云貴即巨門是非知難天機守身垣無剋雜女命名不譽昭彰其貴可富碌復其機必無蕩然後或先宜彰不斷遇之巨門是傍劫空亥月卯兩十四之事後或宜乾成申亦遇未之巨可交免必破蕩定主剛斷合運破脫去申亦可是權天祿宮亥月卯擎鈴星天風天同主英武智勇乃非博士四耗有雙大方會武曲午主巨波多卯會弼煞破奔走貪狼化忌鈴星多天風主少靜機有時大耗也財有雙大方會聚武曲午天火馬卯主少靜機足之天四咸池遇馬歲之權菜武入之苦十遇馬歲後鄉旺名一逸此府空則動方武職勁左右紫府化科得用鈴或有逸樂往返為或亦若無方廉府科魁用祿相或有必遇天馬雲魁七羊衝身傍化科會魁得用祿位尤自然無五往返徒四吉少身遇巨太限大隆甲戌年凶多流祿入身垣遇巨門是非不掌運官符流

破碎 七煞 紫微 化科 大運 財帛 四十二	咸池 封誥 天才 紅鸞 文昌 中傍 子女 三十二	寡宿 火星 地空 右弼 左輔 妻妾 正 旬	天福 天鉞 文曲 命主 廉貞 兄弟 十二 長生
天官 天姚 擎羊 天廚 天梁 天機 化祿 化權 五十二 疾厄	命垣納音乙酉泉中水二局　程克市長	二十二乙酉光緒十一年四月初八日辰時　陰年男命　水二局	破軍 天哭 太歲 初二 太歲 天壽 天空 命垣 小運 天輔
天盧 祿存 地刧 天相 博士 六十二 遷移	乙酉　辛巳　丙子　壬辰	乙酉 辛巳 丙子 壬辰	天府 天馬 孤辰 天空 福德
天貴 三台 鈴星 陀羅 天使 巨門 太陽 大耗 刧煞 七十二 奴僕	華蓋 鳳閣 龍池 貪狼 武曲 八十二 身垣 官祿	恩光 八座 天刑 天喜 天魁 太陰 化忌 身主 田宅 斗君	天同

廉貞破軍守命垣在酉乙生人主
吉因乙祿居卯亦可爲榮武貪守
身垣在丑又爲官祿宮聰明風采
可知大運交二十二歲後雖入正
刧旬空而左右天府武貪難免天
相會饒有令名火星地空難免
東奔西馳三十二歲後因寅方巨
門對方化忌又在刧空之內官途
難大展文昌天魁當有進益四
十二歲後大運入巳逃出刧路空
亡巳酉丑三合身命官祿大有名
利雙收之象五十二歲後行辰機
梁祿權魁鉞相會財官並美晚景
逸樂

紫微 七煞 陀羅 破碎	紅鸞 台輔 咸池	右弼 左輔 擎羊 天貴 天宿	
	祿存 博士		合對宮看
命垣 身垣 初六 旬	父母	福德	斗君 田宅
天機 科 天梁 文曲 天姚	納音乙巳覆燈火入火六局	丁酉三十九歲四月二十九日子時 陰年男命　火六局 鮑毓麟局長	廉貞 破軍 天哭 天鉞 太歲 文昌 天使 官祿 鈴星 小運 天空
命主 十六 兄弟 空		壬子　戊子　乙巳　丁酉	奴僕
天相 火星 八座 天虛			
妻妾 二十六 正			
太陽 巨門 化忌 天才 封誥 天官 天壽 劫殺 大耗	華蓋 恩光 鳳閣 龍池 貪狼 武曲	天同 太陰 化祿 化權 天殤 天喜 天刑	天府 地劫 地空 天魁 天馬 三台 天福 孤辰
長子 三十傍六 子女生 大運	財帛 四十六	身主 疾厄 五十六	遷移 六十六

紫微七煞守身命垣在巳為旺，見武曲科，發祿遇魁鉞，並旬空守身命垣。有旬空茂臨，附合高人。命垣在巳，有陀羅為禍，身命高微。強疾厄之虛，因火羅為患。七煞守照，微有旬空，伏豫臨命。七金紫微，金心臨歲性，亦加火羅於身垣內。以明波陀羅，遇發貴，見科武。空之七煞，微金旬空，故難免財陰魁煞。陀羅之說，亦夾命垣武金，心臨歲蒸日生。上合運，有榮官，在若于，在看剛，逐羅，載遇，發見，科武。相夾命垣，武府美于主煞，判旺，微七金紫免財陰魁煞守身命垣。膺祿即臨官，七之主祿，與他財與交宮身陀，然士慮主武乾金，心熱歲貴，一過隨以內書，明逐羅，遇發。身垣臨高微煞守身。辰身化美，行財大運寅，職判定財傍害為右羅士，乾因紫微熱性，亦加。大化劫權運，鉞刑職府左境，別命論垣祿，存貴。劫運行寅，擎羊傍劫主，未聚會十當別路，火日大生歲變。財享美化忌，衝財羊刑財左星，方即偏財十三擎羊劫主，火星大耗之，然吉。鄉美得所，大化行忌寅，擎衝財福靜劫主，乃養勿來主丑合，心大十六主火生歲。所者忌行衝財福宜，大官運太歲脫，武去貪，自稱耗之，然吉。得安康文昌相昌福垣大本官運，太歲不衝，喜，再命空為然，吉，再命空，為然。財康文昌相大官運少靜，不衝喜，再命空，為然吉，再命。劫主星靜大貴本年太歲不衝，喜，再命空。垣遇大運祿存安康，文昌相星，劫主。遇迭陀流年天馬，多動少靜不，喜再命空為然吉再。

今人命格

田宅 三十二	官祿 四十二 大運	奴僕 五十二 中	遷移 六十二
太陽 地空 地劫 祿存 恩光 封煞 破碎 博士	破軍 擎羊 天哭 天虛 大耗 天姚 天鉞	天機 化忌	紫微 天府 封誥 火星 天鉞
福德 二十二 武曲 化科 右弼 文昌 陀羅 鈴星 龍池 華蓋 身主	納音甲寅大溪水入水二局 杜月笙先生 陽年男命　水二局 戊子四十八歲七月十五日午時 壬午　庚申　乙丑　戊子		**疾厄 七十二** 太陰 化權 天喜 天使 咸池 小運
父母 十二 天同 紅鸞 天刑 天官 天福			**財帛 八十二** 貪狼 化祿 左輔 文曲 鳳閣 命主 巨門
命垣 初二 七煞 天馬 天庵 八座 天才 天壽 孤辰 身垣	**兄弟 傍** 天梁 天魁 天空	**妻妾 正** 廉貞 天相 三台 台輔 太歲	**子女 九十二** 天貴 斗君

七煞守身命命垣在寅有朝斗格主武職權貴天馬孤辰同宮宜於道門爭榮遷移宮之火星官祿宮之擎羊與哭虛相纏微破其局初行運多飄泊大運入辰武貪相作合正風雲際會時必由此步步春臺若無鈴陀夾雜其中尤美交三十歲後大運行巳日月相合豹變龍興華燦爛空封巨門主坎坷爭持波折不寧現行大運在官祿宮雖是空亡曲祿科紫府天相作合有火空則發之說貪狼七煞會聚一室定主財權兩旺名利雙收之象晚景隨遇而安自然康樂無極明年白虎衝身命垣雙擎羊衝大限小限地網突生波折後年巨門限遇流年化忌官祿宮見大耗官是官非五十一歲戊寅太歲壓身命垣流羊衝大小運不祥流年文昌到申來合定有進益

巨門
文昌 天喜 天刑 天空 孤辰 尅煞
身主
命垣　初四　小運　長生
貪狼　地尅　華蓋
太陰　化科　鈴星
太歲
兄弟
身垣　妻妾

天相　廉貞
地空　三台　鳳閣　天福
命主
父母　十四　尅
命垣納音辛巳白蠟金入金四局

天梁　天鉞
陀羅　火星　天壽　封誥
福德　二十四
路
黎炳文律師

陽年男命　金四局
庚辰五十六歲九月初七日巳時生
庚辰　壬申　丙戌　乙巳

七煞
祿存　八座　龍池
博士
斗君
田宅　三十四
擎羊　天才　威池

天同　化忌
文曲
天姚
官祿　四十四　亡

武曲　化權
天廚　恩光　天盧
奴僕　五十四　大運

太陽　化祿
紅鸞　台輔　天官　大耗
生年　文昌
遷移　六十四

紫微　天府　右弼　天馬　天哭　天貴
子女

天機　天魁　天宿　穿　破碎
財帛

破軍　左輔　天使
疾厄　七十四

巨門守命垣在巳為旺附有文昌
合有文曲主文藝拜身垣太陰化
科蓋以此成進士官祿落空有金
空則鳴之說擎羊化忌官途不展
巨門為是非之宿鈴星主聰明偏
界擔任律師之責大運行午未在
財遷移太陽化祿大耗故入法律
奔馳不寧官職不展交三十四歲
尅路之內地尅地空又夾命垣故
右弼左輔貪狼破軍相會自然名
左右大運行申七煞限紫府祿馬
噪一時現行武曲限合貪狼較前
尤美本年巨門限太歲歲破來衝
身垣官符太陰化忌羊陀來夾不
以吉論身命相夾流年大耗紅鸞
擎羊主破財消財是非不安

紫微斗數宣微（二集）附相宅小言、子平新理解、勘誤表（虛白廬藏民國刊本）　三五

斗數宣微

今人命格

一四一

命盤

妻妾（二十五）　破軍　文曲　天鉞　天福　身主

子女（三十五）　地空　火星　天才　天貴　算宿

財帛（四十五）　身垣　紫微科　文昌　紅鸞　封誥　咸池　亡路

疾厄（五十五）　天機祿　天殤　恩光　破碎

兄弟（十五）　小運　天刑　天哭

命垣（初五）　太歲　廉貞　天空　天輔　右弼　八座

父母　太陰忌　天馬　孤辰

福德　路　貪狼　天魁　天喜

田宅　刧　天同　身主　巨門　天姚　龍池　鳳閣　華蓋

官祿　武曲　天相　陀羅　鈴星　大耗　刧殺

奴僕（七十五）　博士　斗君　太陽權　地刧　天使　天梁　天壽　祿存

遷移（六十五）　七煞　左輔　擎羊　七台　天官（三）

中宮

空刧

孔星橋先生

乙酉五十一歲　陰年男命　正月十三日辰時　土五局

乙酉　戊寅　癸丑　丙辰

大運　命垣納音壬戌大海水入水二局

廉貞天府守命垣在戌為旺，書云「戌上天府壘千金」，左右三台八座諸吉為輔，七煞武曲文昌鈴陀守身垣主武職。……之貫，紫微化科文昌鈴陀主聰明，心性亦高尚。三十五歲左右入刧路旬空地空火星限，合有巨門天同化忌孤辰天馬天使地刧，奔波不寧。所美者日月並明在外，顯光華。官祿宮大耗亦多虛耗精神，鈴陀每有殘傷衝破之虞。四十歲後行午，合寅戌並對方，本主大展，因刧路而挫折。交五十歲後天機化祿路，太陰天刑等星，多飄泊之宿，宜於道門爭策。化忌又為多管之神，其他可掌法令之權，因天刑在酉借為官祿之用。然化忌在亥亦多波折。明年有動機宜進取之，魁鉞夾命垣，若順行運較此為優。

天天 哭府 福　小 德　運	大咸太天 耗池陰同 忌 田宅	天天鈴貪武 虛刑星狼曲 官祿 刼	天天天天地巨太 福喜鉞使刼門陽 命主 七十五 長生 奴僕
天天擎 官才羊 父母 台祿破廉 輔存軍貞 博士 命垣　初五	命垣納音己卯城頭土入土五局 徐澤如經理	八十五乙丑七十一歲十一月初二日酉時 陰年男命　土五局 乙丑　戊子　癸亥　辛酉	天相　身主 六十五 身垣 大運　遷移 寡天天天天機 宿壽殤梁權祿 五十五 疾厄 亡
刼孤天紅陀地左 殺辰空鸞羅空輔 兄弟　十五	破華天恩文文 碎蓋貴光昌曲 妻妾　二十五	火天右 星魁弼 太歲 子女　三十五	封天天七紫 誥姚馬煞微 科 財帛　四十五 空

廉貞同煞守命垣，書云廉貞破軍守命垣，賦云主人聰明，破軍廉貞在官祿宮，刑廉存播聲名遠播。命垣在乙卯賦生人，主人聰明。紫微七煞守財帛宮，財帛豐足無虧，又獨守財帛無足，文昌文曲同宮，主富理存運歲之馬，又能財若豐明，太歲咸祿對在咸祿有，亦官交後有又獨帛無足，文同煞。

天相守身主，天相財業垣，兆十分財泛元祿衣，宰宮祿衣，不能財若，主人聰明。祿存運居官重，士生人云。水虛之厚持博，惡可持博。兩亭運奔輿水，馬空可惡，故高存主成乃主，為旺通交波馬，火破孤祿去難同宮。先神而火破孤祿，分家方先性種財財，即意手可財刑。心有對主心一屬後相之在宮。年家奔大也蓄錢武，十武來空天微路相，天因加貞破。外池存積銀祿四合財，落享紫刼天學吉不廉加貞破。生人字入戊寅。軍入身垣小。耗田小廉祿運貞主，心有性種。貞主氣飄疾太忌其甲，無星後高存故。運貞主見火分分家方。

八字入戊寅，耗財來財一或運貞主飄疾。太歲外巨門十小羊又一太廉。七明年流忌天相財業。小羊衝主生陰貞富。羊衝主生陰貞。破耗歲衝大破對在咸祿理存運歲之馬。大破對咸祿有亦官交後有。大運在未交破財三未耗歲衝大破，以將流大破對。日以前命垣並在酉方，大運在未交生。命垣仍在酉大見己運貞主。疾病泊非積戌家主高存。亦遇積蓄甲戊年化衝天天相為命之二。知大四未歲有可門十。

今人命格　一五

命盤

中央

命垣納音甲寅大溪水入水二局
陽年男命　水二局
戊戌三十八歲八月廿一日未時生
性然和尚
戊戌　辛酉　壬寅　丁未

各宮

【巳】田宅　三十二　大運　小亡
天府　祿存　紅鸞　大耗
命主　博士

【午】官祿　四十二
天同　太陰　地劫　擎羊　天貴
權

【未】奴僕　五十二
武曲　貪狼　天鉞　三台　八宿　天庫　寡宿
祿

【申】遷移　六十二　長生
太陽　巨門　火星　天馬　天姚　天哭

【酉】疾厄　七十二
天相　天使　天誥

【戌】財帛
天機（忌）　天梁　鈴星　恩光　華蓋
太歲

【亥】徒弟（子女）　斗君
紫微　七煞　文曲　左輔　天喜　天空　孤辰　劫殺

【子】緣法　劫
天才　鳳閣

【丑】兄弟　路
天魁　台輔　破碎

【寅】命垣　初二
龍池　天壽

【卯】父母　師長　十二
廉貞　文昌　右弼　破軍（科）
身主

【辰】福德　身垣　二十二
地空　陀羅　天刑　天虛
空　歲　池

論斷

龍池水天壽土爲吉曜守命垣在
寅合有巨門太陽火星天馬天姚
主在外崢嶸命無正曜二姓延生
地空陀羅天刑天虛守身垣在辰
復落空亡命俱無正曜故入空
門禮佛書云三不了兮號天刑爲
僧爲道是孤身哭虛二星皆到
終是難逃有疾入天虛入身垣天
哭合命垣羊陀火鈴四煞均合身
命生平多走極端大運入辰奔走
四方交三十二歲後入巳火空則
發紫府諸星相合財權兩旺選爲
一刹之主於西直門外廣通寺因
巳方乃大耗之鄉故收入皆修補
工程決非其他所能比擬甲戌太
歲衝身垣羊陀夾命垣主災厄乙
亥年羊刃大耗入身陀羅入命太
歲衝大小運難免勞碌不寧主剋
六親不以吉論丙子年雙羊刃三
煞太歲歲破共衝必迭變端

田宅宮（三十二） 天同　祿存 紅鸞　封誥　大耗 命主博士 大運　小運	官祿宮（四十二） 武曲　天府 擎羊　鈴星　天壽	奴僕宮（五十二） 左輔　右弼　文昌 文曲（科）　天鉞 太陽　太陰權 身主　華蓋宿　天殤	遷移宮／身垣（六十二） 貪狼祿 地空　天馬　天哭 長生
福德宮（二十二） 破軍　陀羅　火星 天姚　天虛	戊戌三十八歲四月十八日卯時 陽年男命　　水二局 郭壽同先生 戊戌　戊午　庚子　己卯		疾厄宮（七十二） 天機忌　巨門 台輔　天使
父母宮（十二） 天官　天福　咸池	命垣納音甲寅大溪水入水二局		財帛宮（八十二） 紫微　天相　太歲
命垣（初二） 廉貞　地劫　地庫 龍池　八座	兄弟宮 天魁　破碎　路空	妻妾宮 七殺　天刑　三台 鳳閣　天才	子女宮（斗君） 天梁　天喜　恩光 天貴　天空　孤辰　劫殺

廉貞守命垣在寅爲旺附有地刧，主威權有勞碌。貪狼守身垣宜業爭強，附有地空主奔馳不寧。廉貪空刧皆宜於道，遷移祿馬在外財祿遂心。財帛紫相扶財星入財宮，主富有。武府入官主掌權貴，鈴星羊擾亂其中，定主武職權貴。鈴星有一切意外之喜。大運入田宅天同大，家中難免耗財之虞。交四十二歲後行官祿宮三方相合，主大展懷抱有所建樹，自然名利雙收，晚景尤美。乙亥年大小運入巳，吉凶半之。丙子年雙刃太歲三煞衝小運，白虎衝身命垣，或見憂傷亦未可知。又因喪門化忌臨於命宮之故。丁丑年官祿宮事繁坎壈，有移動，主荒蕪氣散欠整頓。

天機 左輔 陀羅 龍池 天哭	紫微 祿存 台輔 咸池 大耗	擎羊 天虛	破軍 天使 天鉞 天喜 八座
福德　小運	田宅	官祿	奴僕

中央：

亡　空　路

謝彌安先生

命垣納音爐中火入火六局

陰年男命　火六局

己丑四十七歲二月初二日子時

己丑　丙寅　戊寅　甲子

右側：

右弼　天官

六十六　遷移　流年　文昌

封　恩光

廉貞　天府　文昌　天殤　鈴星　天刑　寡宿

五十六　疾厄　斗君

左側中欄：

天貴　天壽　天才　文曲忌　七煞

父母

太陽科　天梁　火星

身垣　命垣　初六

底列：

孤辰 天空 封誥 天姚 紅鸞 天相 武曲祿	破碎 華蓋 天同 巨門	天魁 貪狼權	天馬 地空 地劫 太陰
兄弟 十六　身主　殺　封	命主　妻妾 二十六	子女 三十六	財帛 四十六　大運

今人命格

太陽天梁守身命垣，在卯日生人，扶陽日雖非晝生人，居卯亦主晝生人，合磊落。日照雷門格，尤美聰明，火星遇平。星悟道多，慧若月不明，造才多。得日主左，目好傷遠，早化天梁。因天宿福德三合，清高純方難。空封武曲，折足非，未官擎羊太陰忌。主空每，太陽月，職多陽月折左之，管不聚財文曲，榮聲勢尤，財帛宮擎羊太化。辟破主火，文藝增碌憂新合日，運歲落有祿。誡定亦主火星藝勞內交三田，十六大運入亥，後多立足於有祿，宜作權貴財於究門故況不。機恐主火星，亦名窮小也一害，本性終不恆身，若明天梁空大孤，武之守雖陰忌遇。逸樂內衝，撼亦無名，大運不年為終，不放光科，明陀化丁莫測白。垣太歲亦衝，其虎鄉內，後衝身外，力醫術入命，享盛名之學，有神存心手之能定專。

破碎　刼殺　祿存　天使　太陰權 博士 七十二 疾厄	天虛　天哭　天壽　擎羊　貪狼（祿）（命主） 八十二 身　財帛　命主　空	大耗　八座　天台　天姚　天鉞　巨門　天同 子女 亡	恩光　鈴星　天相　武曲（身主） 妻妾 長生
華蓋　台輔　龍池　陀羅　右弼　天府　廉貞（科） 六十二 遷移	舒養拙先生 命垣納音壬戌大海水入水二局	戊子四十八歲七月二十二日戌時 陽年男命　水二局	咸池　天喜　地刼　天刼　太陽　太陽天梁 兄弟 小運
天殤　紅鸞　天刑　天官　天福 五十二 奴僕 斗君		戊子 壬申 庚申 庚戌	七煞　左輔　鳳閣　天才　天貴 穿宿 命垣 初二
孤辰　天馬　文曲　破軍 四十二 官祿 大運	天空　地空　天魁 三十二 田宅 刼路	封誥　文昌　火星　紫微 二十二 太歲 福德　刼	天機（忌） 十二 父母

七煞守命垣在戌入廟合有左右
天府祿科可稱財官格局昌曲雖
弱身命加會亦美若無羊陀火星
夾雜其中更妙然為人聰明博學
熱心好道亦在此一切紫貪相會
廉煞相合亦光風霽月之士也性
情之剛乃擎羊火星哭虛之性
七煞貪狼廉貞天府亦難屈人下
現行之運入官祿宮合身命垣正
有為時也交五十二歲入卯方天
刑入廟主權文武皆宜名譽昭彰
喜氣頻來頗極一時之盛老運吉
慶高枕無憂非徒自喜人亦羨之
乙亥文昌入午有進益丙子雙羊
刃三煞太歲歲破共衝身垣遷移
雙陀羅廉貞化忌必有變化爭撓
之虞或見疾病丁丑流祿大耗入
午消耗精神

宣微

今人命格

一七

命盤（袁世凱總統）

上段（自右至左）

天機 天陰 大陰	紅鸞 天姚 八座 天空 刦殺 孤辰	天府 天使 擎羊 華蓋	太陽 地刦 祿存 三台	破軍 武曲 祿 陀羅 鈴星 天馬 天貴
六十六 遷移 傍	奴僕	博士 官祿	命主 田宅
紫微 權 貪狼 天才 天殤 封誥 恩光 天官			
小運 正 五十六 疾厄		天同 地空 火星 天刑 寡宿	
巨門	太歲 己未咸豐九年八月二十日未時 袁世凱總統 火六局 己未　癸酉　丁巳　丁未	身垣 福德	
四十六 財帛		右弼 文昌 鳳閣	
天相 身主 文曲 左輔 忌 龍池 天壽 天哭		父母	
三十六 子女			

下段（自右至左）

天哭 天壽 龍池 文曲 左輔 忌（子女 三十六）	天梁 科 天魁 咸池 大耗（妻妾 二十六 空）	廉貞 七煞 台輔 天虛 破碎（兄弟 十六 旬）	天喜（初六）	天福（長生 命垣）

下方論文（自右至左）

天喜為吉曜守命垣在寅附有天
福長生機月來合合主爭強紫府夾
遷移在外遇貴命與亥合有天相
化忌身命與酉合有紫微貪狼太陽
在午日麗中天附有祿存雖非守
命垣然官途亦可借用況太陽為
官祿宮主祿存守之財官昭著極
品之論文武皆宜惟官祿宮之地
刦身垣之地空火星天刑故生平
奔馳不寧交五十六歲後若不入
刦路空亡丑方不遇旬空真未可
量也流年甲寅乙卯均不吉田宅
宮陀羅天馬為折足馬鈴破俱是
殘傷之宿故不利於國家又被地
空地刦所夾

七煞　紫微
封煞

遷移

恩光　台輔　天刑　天使

疾厄

寡宿　天官　天壽　天才　紅鸞　天鉞

財帛

太歲　廉貞祿
子女　咸池　天福　破軍權
八月　三煞

命主

妻妾
天哭　三台　天姚　鈴星

兄弟

華蓋　八座　天殤　文曲　天梁　天機
流羊　太耗
五十二　大運

奴僕　身主

乙亥年八月十九日亥時壽終

張志潭總長

空

亡

光緒十年歲次甲申十月初十日子
時生五十二歲
陽年男命
水二局
甲申
乙亥
辛巳
戊子

刧路

天相　擎羊
大耗

流祿　十九日　四十二　官祿

封誥　鳳閣　天馬　火星　祿存　巨門　太陽忌
天虛　博士　流陀
壽終亥時　三十二　斗君　田宅

天喜　陀羅　天魁　右弼　左輔　貪狼　武曲科

福德　小運　二十二

天貴　龍池　太陰　天同
流年化忌

父母　十二

孤辰　地空　地刧　天府

命垣　身垣　初二

天府守身命垣在亥紫微七煞來
合主貴附有地刧地空孤辰生平
奔馳不寧有孤高不羣之象難免
有始無終莫展其才大運行丑武
貪左右魁鉞紫微七煞祿權科相
會定主財權兩旺大運入寅祿馬
交馳蒸蒸日上惟巨門化忌火星
是非不順名美財虛火星遇天馬
為戰馬故不易長久大運入卯為
官祿宮本當有為因羊刄火耗多
衝不安虛花不實對方亦凶耗之
宿難助官途凡擎羊落于官祿宮
中每生風波本年大運行辰在未
交以前仍是大耗之鄉羊陀相夾
小限在丑先吉後凶若無太歲壓
身命垣或不至有此絕命

四二

今人命格

米振標夫人五十一歲十一月二十四日申時生

壬午　壬子　丙午　丙申

機梁守命垣在辰為旺主慈善有餘壽福無疆坐祿為有根之財乃生成之福魁鉞來夾主貴天馬守身垣在申與坐祿相會則祿馬亦交馳也主富貴操勞雖落空亡有金空則鳴之說與巳暗合亦可謂之與馬主尊榮復得左右日月昌曲相拱是以榮顯貴耀胸懷琳瑯桂子蘭孫鳳彩翱翔初運十六歲府相祿魁紅喜雲聚卽藍玉生光二十六歲後多動少靜益顯光華三十六歲後雖財權雙美操心勞力在所難免而所遇者皆聲名貴顯凡百喜慶均於無意中得來現行大運交入子方偏財正輔福滿一堂五十六歲後紫府魁鉞諸吉相合德政媲冀絢爛慈祥宜欣喜勿憂疑

某男命四十二歲十月二十五日亥時生

癸巳　癸亥　癸酉　癸亥

詳查貴造天同太陰守命垣在子為廟旺有水澄桂萼之意附有祿科生平財祿無

紫微斗數宣微

一八

四三

缺惟地空刦路乃奔馳之宿時有刦制之虞即所謂半天折翅浪裏行船之句云。

身垣無正耀臨機梁來合福氣豐隆地刦大耗守之亦係坎坷之宿附有天姚紅鸞。

主風騷之客到處遇貴。

按身命垣諸星推測所秉賦者為人心性剛強果決志謀宏遠有守有為堪稱上格之命孤高不羣自是特長。

初行十四歲大運雖有往返徒勞之苦亦頗不惡。

交二十四歲後大運入戌環境不良破敗之象迭見。

行三十四歲後大運入酉三方來合高人為輔財祿逐心。

至四十四歲後財官命三宮俱合主財權兩旺小有挫折亦無大碍去舊從新乃必有之事五十四歲後可蓄可儲片玉寸珠皆功德也諸事順逐自是晚景之福。

兄弟宮　有尅。

命　垣　主在外光明主財祿有奔波。

妻妾宮　主尅。

子女宮　爭強有尅制。

財帛宮　有爭主橫發貲財。

疾厄宮　肝旺肺虛大腸忽燥忽瀉。

遷移宮　在外勞心刑尅。

奴僕宮　得力剛柔不濟。

官祿宮　文武皆宜每生爭持。

田宅宮　先破後成。

福德宮　光榮。

父母宮　主尅，

本年太歲在甲戌壓身垣白虎衝命垣與三殺相戰不吉小運行地空則失事。

某男命四十一歲閏五月十五日午時生

紫破守身命命垣在丑爲旺主貴主富附有化科主文天相左右來朝得有輔佐文武

皆宜此到處歡迎之命也。

爲人心性好高務遠剛柔有不濟之虞然心慈面軟是其專長。

初行十六歲大運財祿卽能順取因替人分憂難免東奔西馳消耗金錢。

交二六歲後大運到亥府相天祿來合拱會官祿宮定主財權雙美。

行三十六歲後大運入戌日月雖失輝而昌曲爲用亦主在外方現光華偶有變局。

無碍前途至四十六歲後大運行酉官祿福德命垣三方相合財權兩旺有所建樹。

眞生平之最佳境也卯方火星作衝恐有小挫若能留意或可減輕。

大運入申同梁爲蔭爲福貴人親近福履綏之春臺熙熙事業增新俱意中事當屬

上吉。晚景逸樂。

方外女命四十七歲十月初十日酉時生

乙未　壬午　乙卯　壬午

斗數宣微　今人命格　二〇

丁亥　辛亥　癸巳　辛酉

貴造武曲天相守命垣在寅武曲乃司財賦之星合有天相紫府爲最貴之命孤尅

二字在所難免暗合亥方太陰化祿天魁爲佐自然穎悟超羣亦屬巨富附有地空

刦空則艱辛忍耐每每相纏心性本來剛強多有刦制蓋皈依三寶得享山林之樂

者亦由此耳。

破軍守身垣在申方。破軍爲耗星主殘傷疏親離鄉巧藝不守祖業惟宜於僧道不

至有東傾西敗之虞內附地刦主奔馳亦主有籌算憂慮而後志寧神定不貽悔於

日後。決非孟浪者可比。

總之命身主孤主貴有財權官祿宮作於空亡又被衝破官星不見宜入空門自有

神明爲之扶助不患不福祿綿綿永保無疆當平心靜氣不辭勞瘁皇天不負苦心

人也。

一命宮　主孤尅有財權最貴操心。

斗數宣微

二兄弟　三四人。欠和亦有衝。

三道情　進步慈祥。

四徒弟　二人主有貴有財聰明。

五財帛　早年較弱中年大旺先難後易。

六疾厄　陰火心氣疾肝旺風邪之症。

七遷移　離崇在外勞心欠安。

八奴僕　不甚得力懷怨。

九師號　掌山林主權貴。

十田宅　先破後成改換一發。

十一福德　主福壽有勞碌。

十二父母　性暴心慈不能雙全卽相貌宮又作師長宮看。

查童限五六七歲多災不吉。

初行大運十四歲以後太陽太陰化祿魁鉞相合漸獲禎祥因在刮路之內諸多蹭

蹬然門徑無差得意不足喜失意不足悲居安思危故免意外。

二十四歲後大運入辰各方來合勇敢果決雖勞碌耗財亦無自餒二十八九兩年。

不以順適論。

交三十四歲後大運行巳為長生之地大放光明得享尊榮與天心相合自無塵垢

之象三十四三十六三十七三年當非佳境交三十八歲時逢甲子木得春氣定有

發生長養之機必有來財之處。

四十四歲後大運入午為師號官即官祿宮三方來合增長智覺到處吉利喜氣來

時自不覺歲月之長惜落空亡有火空則發之說又被火星作衝好在火入火方歸

於本位亦無大碍美有祿存博士坐守惟天祿入午有不久之虞四十四歲是年庚

午祿馬入身垣難免奔馳辛未身弱金旺不吉壬申四十六歲太歲歲破衝身命垣

流羊衝大運流羊小運入天羅又為大耗之鄉消耗金錢刑尅六親本年小運行卯

入劫。奪取太陽光華。命垣逢流年文昌當有進益凡耳之所聞目之所見。手足之所及。皆能有益於身心惟流年大耗入命垣。必有驚心勞碌不寧之事。或見肝旺急熱之症明年小運入地空主失事天馬入身垣則奔馳天祿入命垣雖有來財之奇然大受擠兌又遇官符不見詞訟爲妙。四十九歲。小運入丑主口舌是非。喪門白虎不祥。丙子白虎衝身命垣。流羊三殺在午與太歲相戰小運遇之、非吉非交過丙子年。災難可消事事如願若早依附得人急流勇退。或可減輕一切。五十四歲後。大運入未行空本宮與對宮星曜複雜好在亥卯兩方。日月得地爲強。自然安樂無疑六十四歲後大運行申益當勤修以求上進卽眞卽幻固爲仙家之秘卽色卽空亦佛家之宗也幸勿忽此。

叢談

人之善惡賢愚。係箇人之天性與機緣相周旋。如大舜之父至頑。其弟殊惡恆以殺舜爲事所以人是一小天地好歹賢愚在乎箇人秉賦之命卽所謂箇了生死苦他

人何能替我擔負絲毫。既生斯世只看箇人天性如何與機緣如何。良者趨之不良者避之可也。若論貞淫善惡之途必須在預選陰宅一道求之自不乃爾人之心性情各有不同。雖云有遺傳之關係而身命不同運限不同機緣不同遺傳亦能移動。若一味以遺傳爲盡是。尙有未符比如父母係爭強之流何以子孫爲示弱之輩父爲巨宦子不能繼之。父奢子儉父放子慳父武子文父胖子瘦何以不同故全恃乎箇人身命運限爲何如耳況時代變遷遭遇不一上代所爲而子孫何能盡守舊業以嬗傳於不朽是以種種遺傳亦多被箇人命運境遇而轉移矣至於疾病亦不能以遺傳爲盡是其他兄弟姊妹亦如是理命理一道包羅萬象眞有不能已於言者。友人楊近仁君自米宅來函內附坤造一紙係癸亥年十歲八月十一日寅時連生二女。令批按連生二女普通上謂之雙生有同一時辰有不同一時辰者此係同一時辰者頗難作答。不得已思之再四而具復手示敬悉內附坤造一件按書詳查該造命垣主福蔭身垣主殘傷所云雙生一節。先落生者主強後臨盆者主弱或先弱

斗數宣微

後強雖同一時辰亦不相同。將來之境遇更有千里之隔存亡不一，好惡亦異若加

相法。或論心性定知優劣。如心性剛强不甚謙讓者。命劣福薄心性柔緩者。不甚爭

競命優福厚蓋先天之陰爲柔。先天之陽爲剛剛劣柔優又如剛易折而柔常存之

意也又說卦傳立地之道曰柔與剛。忽憶及十餘年前有謝子清者。所生二女。頗似

之。先落生者性柔出閣後家庭豐富頗享清閒之福後落生者性剛出閣爲續室家

庭平常夫死遺弱子女三人。而操勞受苦望轉詢之。或如此理。

人生世間諸般不易十全又各有所偏而不知終日所爲及飲食起居一切爲何事。

與夫古今至於將來本求一中字惜每多不悟也尤執厥中實爲千古不易之道按

斗數法除羊陀火鈴四煞刑衝破害外其他亦多孤獨尅制汎濫之宿再加以流羊

各凶煞。可見人之身命亦難乎其爲身命也若無之。則世間之人。無所畏懼必有不

能立足之人所以限制人者皆在此生老病死苦而亦難逃也若不求乎中亦難乎

其爲人也。

附相宅小言

地理一道豈易言哉卽以中國地理而論山水之源。土地之分。物質之產氣脈之變。

實有不能已於言者。至於陰陽兩宅略知一二便稱地理家便稱堪輿家殊不知堪

者堪天也當明天文與地也當知地理豈可混稱堪輿者乎。余對於人事尙有

未明。何敢言及天文地理也耶。竊思陰陽兩宅。爲人事中之主要爲人事中之一件。

爲地理中之一隅。言兩宅者。不過爲人置宅圖墓稱相宅之士斯可矣。何可以堪輿

家自居而敷衍了事。不知關係家族與種族之重要。卽或天文地理人事俱能了解。

若用諸陰陽兩宅必有餘無不足謂之堪輿家謂之地理家孰曰不宜。玆經命理中

考驗得來關乎陰陽兩宅之優劣是否之處以待請敎。

以斗數之法相宅。無非遵照庸常之理對於陰陽兩宅。一看命盤便可明瞭好壞宜

速整頓此齊家之要道也。如宅之全部左右并無依據落空則左右夾攻前後毫無

倚據落空則腹背受敵左右前後均無倚據則四面楚歌何能鎮攝風不能藏氣不

能聚孤獨凋零。破敗奔走內憂外患接踵而至。卽以門前一方而論吾人獨擋一面。

尙非容易故左方之輔。右方之弼。前方之照。後方之靠必須有之。可以解內憂拒外

患。而擁護之力必多再如金石之堅松柏之茂福祿壽喜自然美滿一堂而逸樂亦

無窮矣。

原斗數所云。太陰乃水之精。爲田宅主田宅者卽塋地住所田地房屋院落並參看

對宮均包藏在內若以太陰爲田宅之主凡堂地住所田房及院落皆主晦暗低下

坑窪之意。如有田產屬於水地水潦低窪之地及菜園葦塘等旣云乃水之精則孤

陰不生日久男孤女寡或飄泊逃亡書云以太陽爲表理固然也按命理論太陰爲

女星爲母星屬於陰性主靜可主家政故以爲田宅主殊不知與命理中事實不符。

大小運限遇太陰。尙主奔波飄流在外顯光明。所以陰極求陽也太陰爲月遇山川

大陸江湖河海方顯其精華決不能放在家內屋內。與箱篋中太陰入田宅因主破

家晦暗水窪低陷等病。故有奔走四方。攀求高阜之地。而樓止所以有陰極生陽陽

極生陰之說。太陰靜中有動。太陽動中有靜有時亦生變化。故動靜變化盡在其中。

如日月蝕及其他各種相纏與風雲氣候。春夏秋冬四時之不同等類紫微天府在

全命盤中旋轉其權令之得失太陰太陽亦在全命盤中旋轉其精華之晦明。若以

紫貪武貪紫祿武府等星。再加各吉星爲輔作田宅主。自然富有基業家中必有福

德壽高之人爲之主宰人丁亦大旺天機入田宅多主枯乾之象。被擠兌難舒暢破

軍陀羅巨門天同大耗貪狼等星入田宅破家分離晚年雖佳亦係先破後成或遇

運限大旺或值子孫昌盛決不能無破紫府雖美在寅申同宮尚主孤寡以上所論。

不但田宅至於坟墓全塋亦若是焉再參看本書之兩宅合論便知。

紫微天府七煞太陽多屬於來龍。或爲朝照若武曲天梁祿存魁鉞等星主孤龍砂

朝照久則孤絕巳亥寅申來龍。或朝照爲優子午卯酉之方雖佳而少其他日久殘

破生變各有得失坐山朝向宜於天干不至有貽害。祗在慧心人一查其究竟耳。

地理書以窪下爲陽高起爲陰係取內藏之意。按斗數陰陽形勢含有凸凹而陰屬

於凹為方陽屬於凸為圓其實方圓與凸凹相參合。陰陽即為起伏。陰伏陽起凸凹亦然。一而二二而一也。以面積論方圓以高下論凸凹。總論為陰陽無非葬凸向凹。而必須朝凸或葬凹向凸萬不可葬凹向凹。或葬凸而向凹并無朝凸也。

陽宅喜動陰宅喜靜陽宅不可無陰。陰宅不可無陽。陰宅宜氣韻生動陽宅宜氣韻生靜陰陽二宅必須動靜合宜。陽之太過則炎嚴陰之太過則晦暗。有柔有剛均非中和之相必須陰陽調和剛柔相濟。方為吉宅。陰宅左右有確切接近之輔佐前後有環繞關情之照應。亦為吉宅形勢亦然。形勢俱在不必認定佈卦若一味論卦體究不知能否合於生者亡者之命。此是一大問題。

人皆知塋地如手掌一般。四面環抱按地考查十不得一也。故不久衰微敗絕或飄泊塋地最忌殘破不整低窪落陷等病。有惑於水庫之說而掘深坑以致破家敗業。不可收拾令人痛惜當以土厚肥滿為吉定主豐隆福祿之象人知全塋遍地種樹。而不知八方培土圍護陰陽兩宅之坑窪知為積水聚財之坑。而不知大耗地空破

軍太陰之鄉也。水庫等坑。未必能發財官。確能預備造成死走逃亡之人家。而不以爲然豈不惜哉。知塋地八方有避風之要。而不運土培補使之不透亦可怪焉。塋地無論何等貴處。當以藏風聚氣爲主。尤以年年修理之爲要。左右龍虎砂當在本塋地基相毗連爲妥。遠則難借。卽或借用。亦未必准能有所得。或未到時期若未到時。而先被其害。亦無所爲用矣。本塋左右前後若低窪遠處雖高。亦無補其缺。一塊塋地。卽如一人之全體。何能借他人之皮肉而益我之身軀本塋之外爲外局能弱。何支孤絕可見地理一道又關係吾人之身命也無疑。否借到之形勢須於命盤上考查便知詳細矣。幷由命盤上考查何支爲旺何支爲阡陌一字昭穆葬在普通用之頗相宜。惟低中求乳高處尋窩之法。徵有出入低中求乳。乃得惟我獨尊之意。大地至多不過葬理兩代。或三二穴。地卽不能用。四圍遇低下之地。確主飄流敗絕高處尋窩。乃得藏風聚氣之意。然左右龍虎砂宜環抱有情若孤高不羣之穴地。亦主出孤寡之人。日久敗絕若平高之地。四面毫無依據亦

無起伏失去輔佐風不藏氣不聚八方皆透定主生離死別分家散亂日久敗絕。

千發萬發只在一向地理家每以此誤解祇論一向之方有一種之形勢對於全塋左右背後不問鑄成大錯所向者未必能得亦未必准吉而禍害確及于全家矣此一向之誤有不可盡於言者又有徒講水法不顧其他者豈不知地大欺水水大欺地每多以塋前就道爲宜而不知落刼當以朝案爲要如無美好朝案或聚土培一龍崗亦可惟不可用三峯五峯筆架式乃斷節之龍也故有萬山朝拱不如眠弓一案之說爲妥坟墓後多有聚土成山名曰坟山子以避風惟不及餘地多而足滿或有綿遠之靠爲吉比如子午宮有破軍貪狼天同太陰大耗地空巨門擎羊等星決無接連後靠之地比如太陽天府等星在午宮必有前照之山等象。

陰陽兩宅東西各國皆講求之義理略有不同卽以各省縣之教堂而論未有不採取上高地點方位與形勢請詳考之便知非虛按整頓塋地青年人多不顧及中年人較爲注意終不及老年人之心切所以中間相隔二三十年之失修必有破敗殘

缺之形迹。水衝低陷之病。若至家業凋零雖欲整頓。不但力量薄弱而後人亦已長

成發禍不及若全塋毫無好處再無補救將來運限。亦皆平常。或凶險迭見。故陰宅

當以年年修補培土勿使其壞。可以延長乃趨吉避凶之要道也。

按平陽之地坐空朝滿山坡之地。坐滿朝空之說。求其至理。坐空亦當有依據朝空

亦當有指實決非眞空此中大有研究無論山地平陽總以前有相宜之照後有綿

遠之靠爲純吉不然前空官祿假後空子孫寒。余意以八方皆不可遇空空則必有

害此說將來再爲詳細發表。

有幾種僞作鋪張其說。妄擬名詞。以惑觀聽爲害最深。余亦不敢論其是是非非。總

以多看幾種地理書籍而知何者爲宜其僞者自明矣凡書皆有精華能得其精華。

便不爲虛耗工夫也。

查滿之爲要以正南正北坎離二方爲眞實。其次東南西北乾巽二方爲的確其餘

各方。均當飽滿爲純吉若圖一時之發過則卽敗終非善策。

整頓舊塋或建立新塋必須早作准備若人已生八字已定。何能改易惟要好兒孫。

當在未生以先或二十年以前圖之若既生以後祇論塋地之好壞則八字身命俱

非若行好運時塋地氣運自然生動若祇等好命運不早注意祖塋亦非況塋地一

事。關係至要時時在心一點不可輕忽。

若預觀塋地與氣脈之興衰及內外之變局只看命盤行運好壞便知梗概又何必

撲風捉影而妄談吉凶耶。塋地有不佳之處行運必見波折。如不爲然卽請按塋地

參合命盤或以命盤參合塋地便知不謬。對於塋地不早爲整頓日久益壞子孫必

被其害亦可憐矣。

從來葬法選擇多引用劉伯溫選擇要論以亡者之年命干支參合尙有遺漏。雖遇

極好墓田與山向。難免發生敗絕每以非龍眞穴的種種批評其實亦不盡在此蓋

亡者八字命運有不合之故當以亡者年月日時之喜忌研究之爲宜比如喜金水。

而葬於木火之方。爲亡者八字所忌何能得氣生人焉得不有敗絕之虞比如亡者

日元是辛丑用丁未向。日元是壬子。用丙午向。日元是辛亥。而用丁巳向等類。與流

年月日時相對。皆不吉安葬選擇吉期自當注意亡者四柱年月日時之干支與喜

忌。總之研究地理。必須熟習子平。不然有誤選擇不但坟墓如此。至於陽宅街門房

屋亦當根據子平四柱喜者居之忌者避之較妥若按坎一坤二男幾宮女幾宮之

之向之亦可或按紫微斗數法參考生者死者之命盤吉宮吉月吉日吉時亦可此

九宮詳考不甚有驗此其大而未化者也。或參用紫微斗數命盤强宮居之葬之坐

係簡人之吉日吉時造葬之期。可免發生不利之事。

全塋地上。不可用石物石碑磚物磚墻之類。卽陀羅等煞。久則卽成地刻劫煞破耗

等星。定主家庭分離破散刑傷之害。

圖墓之事舉意在永安先靈。而起發後人。坐向如不合先靈四柱之所喜。後人必難

發展。或發現種種不良之情形。非所以安先靈也。當將先人四柱及本人四柱按斗

數命盤詳查方位。便知喜忌一地亦不必多葬卽爲孝子也若地大戶多自當愛護

之修補之。萬勿以爲公中之事不相干己爲要。蓋有切身之關係在焉。

三吉六秀祿馬貴人等名詞。地理家每假此侃侃而談。對於正局之內外緊要之點。

則多忽略。究竟能得與否而不知也。好處未必能得壞處已漸發現。地理家難覺錯

誤不但不圖挽救之法。而反隱忍不言以免貽笑於人。豈不痛哉。

普通之人有云。先有有德之人。而後有有德之地。每至無可奈何時。便以無德不能

得有德之地。加乎其上。決非探源之論若獲良好墓田子孫必發。按德之一字講解

最廣若以狹義德字加於人身。亦不可行。德爲萬能之首大學首言明德顏回樂道。

未聞失德何以夭亡孔子德配天地。何以其子伯魚早喪平常之人知德字之體。而

不知德字之用。孔子之德全體大用。況生孔子之地。亦非今之孔林也若有美好之

地後。不至再生不肖之子孫戶大丁多人族昌盛斯可矣。

置墓者。每每喜求財官大旺至何等富貴地理家亦每每以此迎合人之心理余意

則不然。選地當求爲國出忠正賢能與濟世安民之士。或創業之人不以位高金多

為榮。總以種族蕃衍為吉。

地理家對於選地立向擇期安葬及生死之命理當詳為研究。分類作出說明書。使置墓者得有明瞭。不可敷衍了事。亦不必隱藏其說。或本不十分明白地理。而假隱藏其說。欺世盜名均非善策看地理書當以雪心賦為第一其餘地理辯正疏。或其他重要之書必須明白惑人之偽作。

有云以天星論斷現卯酉正旺子午較弱山向宜趨東西，不求南北此話確乎無疑。惟造葬之舉乃是人事子午雖弱究竟正子午不敢用。卯酉雖旺究竟正卯酉不可用。亦要看亡者之命及其子嗣之命為何如。

友人某常說蔣大鴻有不傳之秘不宣洩于後世令人生怨余意則不然悖理亂常。豈是人道彼亦人也我亦人也不恨自己不研究而反責人決非正理天地之道大公無我豈不准吾人捉摸而有所研究者蔣先生亦不過探天地自然之理。而洞徹其造化斷無巧用機關而翻天覆地也哉。

正坟墓山後。或左右兩角。及左右方。不可葬埋孤兒孤女孤獨孤寡之人。左則日久

左門孤單敗絕。右則日久右門孤單敗絕。中則日久中門孤單敗絕。不但墓內之局。

不可葬埋。即或外局。或向上見之久則入局。亦大受影響。北方多有爲之者。亦可哀

矣。即犯地刦地空刦殺孤辰寡宿哭虛破碎武曲等星。有以孝順鬼樂等等視之究

不知傷其龍脈敗其元氣破其局勢害其子孫。所以不寧靜不清淨而貽禍於無窮

也普通對于正坟中不葬不完之人誠恐有未發表之意思容再圖之

北方建設塋地。每求青龍頭上飽滿。多有在青龍頭上建築陽宅作爲看守之所令

人居住。不知青龍頭上飽滿。非是房間乃淨土高阜耳房閒內空有人居住何能安

靜何能潔淨地主不利住主不祥兩不相宜并主長門有翅難展衰微破敗飄泊死

亡。不吉白虎方亦如此理。而乾方有房屋。亦不爲淨遺害滋多。

南方多山水對於永安之舉。每喜清秀之山。不愛純厚之土。清秀之山爲一時之精

彩。而純厚之土。定千載之光榮世人每以水爲財不知有土即有財亦有官大學云

有土此有財。官者亦土也。土地之官財賦之官。何嘗離於紫微天府武曲祿存等星

也。考古人有名者所葬之地多渾厚之山純厚之土。故久而不絕。

當茲文化昌明時代求是於實若張口便說玄妙以惑聽聞令人莫明其玄莫明其

妙而挾此玄妙不肯告人豈盡於人情也哉必須指定一切爲人眞正謀幸福方爲

世間道德之人如孔孟之學何嘗有一己之私哉。

陽宅每多用大遊年歌。八門套九星之法以門爲主房爲賓。對於命理合宜與否不

大甚求。茲有看陽宅一段拙見。未知是否暫記於此以備考查無論城鄉鎮堡第一

先看全部局勢左右前後之照應。其次宅體必須中心之點高阜之地左方有輔右

方有弼不落空亡左空女尅男主出孤寡之人。（左空街道小胡同小院空場空院皆是女

尅男患癆瘵癱瘓等症遠處出外之類）右

右空男尅女主出尅妻續娶之人。（右空街道小胡同空場空院皆是或

婦女多病死亡續娶納妾外遇之類）左右皆空男女皆

尅只看所空者爲何如耳主要之房後遇空與窪坑子孫稀少或夭折久則敗絕或

飄流在外披星戴月必須飽滿得有依據門前太空氣散太狹氣滯氣亦不到故難

發展必須氣韻生動。有滿壁春風之象，爲吉。街巷看氣口。假如來氣自東而西。由門前經過。有迂迴之勢。來水必須自西而東流。與氣相撞相接。爲吉。若氣與水同一方去。優者發旺一時。過則主凶。劣者家園零落長幼奔馳。久則逃亡敗絕兩分之水。兩分之氣。孤獨剋傷。男女桃花。卜宅者亦不可認定磚瓦木石好。便爲吉宅。

按歷書所載。推定一切吉凶日期。本爲全國通用之品。至於箇人亦有一本歷書。卽八字命盤也。若推定箇人吉凶日期，必須叅合箇人八字與命盤幷八字之喜忌。及流年所遇一切。是吉是凶。認定箇人之身命運限。不能天下之人盡趨於一箇目標也。吉日則天下之人皆爲吉。凶日則天下之人盡趨於一箇目標。吉日看何以有勝負之分。實有未解。當與選擇家命理家研究之。至於其他各本萬勿爲片面之書所誤吉則未必眞吉凶則未必眞凶。只在箇人之喜忌爲何如耳。

以上對於相宅一道。雖略言數則。未盡者實多。尚有難以筆述者尤夥。如有心得將來再行發表可也。茲將相宅命盤列後

紫微七煞　來龍可坐可向青龍

廉貞破軍　此破軍之水或自西北而東或自東南而西或自西而東

天機天梁　看宮參巳　與巳

坐西北向東南一帶　乾山巽　亥山巳　壬山丙
辛山乙　戌山辰

坐東南向西北一帶　巽山乾　巳山亥　乙山辛
丙山壬　辰山戌

坐東北向西南一帶　癸山丁　艮山坤　寅山申

天相　和合之兩水即歸之一謂水之

太陽巨門　有大象惟有高倚之象巨門有殘破處

武曲貪狼　高阜有龍可坐可向脈有

太陰天同　此天同太陰之水自西而東或由東而西流

天府　來龍可坐可向青龍

比如紫微七煞來龍天府為朝照。坐東南向西北一帶長門較弱或乏嗣因西南一帶低窪空散之象。二三門較旺因東北一帶飽滿之故坐天府向紫微七煞一帶主長門次門較旺三門弱或無之若坐武貪向西南一帶以紫微七煞為青龍（即巽方飽滿之意）以紫府為來龍或以太陽為來龍則長府較旺三門飄泊其巨門之殘破不可純坐純向恐其孤寡人丁稀少必須布齊各吉凶星後斟酌用之參看本書內論說并考原地為何總以相宜為要。

天機	紫微		破軍
較氣枯韻	朝照來龍或		窪　有水而低
七煞　乙山辛	艮山坤　卯山酉　坐東向西南一帶　辰山戌　午山子　坐東南向西北一帶　子山午　坐北向南一帶　酉山卯　坐西向東一帶　辛山乙　戌山辰　坐西北向東南一帶		廉貞天府　來龍或朝照之案
太陽天梁　高埠			太陰
高埠			低窪或去水
天武相曲　孤高之象來龍之	巨門天同　不完足有殘破	貪狼　氣散	

坐西北向東南一帶長門較旺。坐北向南一帶長門次門八丁較旺。三門主弱。坐東向西一帶出文人。長門初旺終絕。次門在外經營三門平常。因貪狼氣散太陰低窪之故。若坐西向東亦出文藝之人。長門弱。次門三門較旺。紫微由巳至戌。由亥至辰計十二宮。以天府為配。成雙山二十四向。其他布齊吉凶星後變化用之。以無害於各支派為要。如見不吉之處。宜速培補。或撥調山向。可避禍而求福。

巽巳向　　乾亥向
丙午向　　壬子向
丁未向　　癸丑向
坤申向　　艮寅向
庚酉向　　甲卯向
辛戌向　　乙辰向

天機	破軍 紫微		天府
太陽			太陰
武曲 七煞			廉貞 貪狼
天同 天梁	天相	巨門	

坐紫破一方主橫發有巧得之事。

二十年後必敗。

坐西向東或坐東向西。

坐太陽向太陰有外堂之水惟本
地之向方宜墊起不使水由前方
流下主在外峰巒以紫府為青龍
一派。若坐同梁則孤弱飄泊矣廉
貪在巳亥不宜坐向各宮巨門亦
不宜。

此六垣之盤加以對宮為十二垣。
本應畫成圓式以便省目因急於
付印供諸快睹未及求全達者諒
之其於陽宅簡人應住之房屋及
出入之門戶亦可用此參考。

紫微 天府	天機	破軍	太陽
太陰			武曲
貪狼			天同
巨門	廉貞 天相	天梁	七煞

紫微天府七煞互相坐向。其次武
貪互相坐向。當將武曲之左右聚
土圍護。不然出孤寡之人人丁必
弱。武曲如孤高之山尖見之宜避。
或微錯。其次廉貞可坐可向。惟破
軍不可坐向若破軍之外局。必須
有相宜之高阜或朝照如用之可
出武職權貴其次商業領袖文職
不耐久必須自己考查其意味不
專在筆墨上或用命盤口傳手指。
久則熟於胸中一見可知其名亦
能不用命盤而自知或他人之兩
宅。亦可不用命盤若參合命盤更
為的確無疑。

破軍武曲	太陽	天府	太陰天機
天同			紫微貪狼
			巨門
廉貞七煞	天梁	天相	

相宅小言

坐廉貞七煞向天府。用癸山丁向。
或兼子午或丑山未坐天府向廉
貞七煞亦可用之坐天梁向太陽。
不能多葬因地小之故若大地最
好其後無山則後方外局聚土培
之爲吉東南武破爲靑龍坐太陽
向天梁亦可用之惟天梁孤弱若
能前方外局聚土培一龍崗可爲
朝案最妙。卯酉紫貪可坐可向亦
主在外峥嶸。
此種看法可以詳較命盤便知何
方之利被何方之害預知一切並
將來之變化何支爲旺何支爲弱。
按閫人向口一看四圍可知箇人
得何方之利與害。

心一堂術數古籍珍本叢刊　星命類　紫微斗數系列

貪狼	太陽太陰	武曲天府	天同
氣散	半陰半陽不高不整一低	高阜孤之意或此等見人家	水活土活不能坐向

巨門天機　氣散

破軍　氣低散窪

紫微天相　有缺足點斛口或之不殘

天梁　有朝案弱不寧靜

廉貞	七煞	天梁
或見高阜樹柯坟墓	高阜	土活宜解鬆土培

坐子向午方一帶主出武職二三
門旺長門弱或坐午向子方一
長門較旺次門孤單三門衰微坐
東南向西北一帶雖有朝案乃立
於危殆不安之地位因紫微在戌
之故主人在外飄泊或遠處尚屬
可用復因破軍在辰之意若撥調山
微之案朝之亦如此理辰宮紫
向則又變化矣或坐貪狼向廉貞
或坐東北方向西南一帶必須修
理不完之處惟西南之方氣散之
點宜培土聚氣亦難能之事飄蕩
之向總不可用太陰太陽在丑未
為半陰半陽之地其地勢必半陰
半陽有高有低凸凹不一坐凸坐
凹各有得失必須運土補足缺欠
及高起前方之案或分作兩塊窪
下作外堂無論何方勿使跑水如
跑水定主敗絕太陰在亥子坐向
皆不宜不承祖業離祖破家對於
父母多無情其天同天相廉
貪武破在亥亦不宜坐向

疾厄之判定

天地尚有未完足之部分、亦難常期調和、古今中外、以及萬國萬物萬事、不論何時、均有不完足之部分、亦難常期調和、此其至理、顯而易明、所以氣血成人後必有一部分或數部分不完足者在焉、自不能常期調和、難免發生疾病、又有表裏之分、或因秉賦、或因遺傳、或因流年所染、追本求源、無非五行生尅制化使然、至於臨時之危險與氣候、而發生疾病災厄、亦不能離此命盤之構成、凡五行太過與不及皆主疾病、人生世間、疾厄一事、在所難免、是以斗數原書專備疾厄一宮、為人生命理之最關緊要者、於此可見疾病、乃吾人生平必不能無之事、世人不查、每每忽此、雖知有安命保身之道、而不能用、豈不惜哉、原書對於疾厄所載、未及詳論、若以星曜之陰陽辨以五行之旺弱、頗見奇驗、如疾厄宮是何星曜、與對宮各星相參、即得要領、矣、此係為生平不動之疾厄、以參合身命為第一步、加以流年限運為第二步、有先天之疾病、即原盤中之疾厄也、有後天之疾病、即流年所遭遇也、分初年中年老年

發生之疾厄、或為終身之疾厄、又有嗜好與環境、及心性構成之疾厄、無論如何造成、皆與身命有最切之關係、全在看命者詳查耳、至於所遭刑尅災厄、又當加以大小運限所遇凶煞論斷、

查原斗數書中、對於疾厄、專備一宮、可見疾厄、為人之生命最關緊要者、雖標出諸星所屬、尚有未載兼有混合、讀者若不得其義理、判斷無從着手、茲將各星曜所主之疾病、分而列之、以便參考、先由身命垣與三方推測、再看疾厄宮與對宮相合按星論斷、每一位星曜主一種疾病、或不至於大謬、此係自考驗得來、是否合於醫理、未敢斷其必然只在精心求之可也、若能參合醫學亦無不可、雖按星發明、亦難盡載惟各病症之名目當在慧心者研究考驗可也、際此時代外相太多、或因經濟壓迫、或因事繁工作、勞心傷神、上火下寒陰分虧損者為夥社會普通上多有下晚至子丑時後方得安眠亦虧陰之一大原因身體不獲健康、何能延壽知之者固亦不少、然亦無能為也、余申明此意、雖未能盡醫士之學然亦養生之道云耳、

斗數宣微　疾厄之判定　三四一

紫微為陰土　主脾胃之疾脾胃寒弱濕熱膨脹之類或為殞瀉嘔吐等症、紫微為北斗星性質如龍剛柔不濟心地較小耳軟心活無所不好性喜縱慾不顧其他、一切難免有雜癆之虞原書內云桃花犯主為至淫如貪狼咸池天姚同宮皆是再

遇廉貞尤烈比如紫微守命垣、或守身垣廉貞守身垣或守命垣之類、

天機為陰木　主肝胆之疾肝旺性燥驚恐之類、或胸堵脅肋扎疼陰分虧損頭部

刺激等症肝旺日久、係枯乾之象以至經血枯竭因肝旺延及肝病頭暈耳聾眼花

齒落等症、

太陽為陽火　　主心火大腸乾燥、肝旺性急、一切陽明之疾、或目赤朦瞖頭昏風寒

時令瘟疫痔漏便血耳鳴及一切瘋症濕熱皮膚各種下寒疾急怒衝肝衝肺等類、

武曲為陰金　主肺經咳嗽肺癰肺結核、勞傷吐血鼻衄鼻塞酒迷音啞哮喘語蹇

氣結等症兼及肝旺脾胃大腸密結兩目昏迷不清之類、

天同為陽水　主肝旺動氣膀胱水道之疾氣分疾寒熱風邪疝氣淋結溺血痔瘡

便血等症、或頭昏目赤胸膈腹寒水脹癱瘓之類、

廉貞爲陰火　主心火性急心燥、肝旺水虧失眠暗疾難言、流行感冒風邪斑點痔瘡便血痰喘咯血手淫意淫經水不足、或枯竭花柳等症心性暗急心血虧損心氣不足之類、

天府爲陽土　主胃病、浮腫腿腳氣、濕熱下注、麻痺節風黃腫口臭牙疳、舌瘡翻胃、脾胃寒弱氣結臟脹中腕等症、見火性星曜爲熱見水性星曜爲寒、

太陰爲陰水　主陰水虧損、上火下寒腎冷精冷霍亂陰癆瀉痢疝氣濕氣下注、小腸等症或因脾胃濕熱肝旺、致成目疾與諸般被水之害腰痛下瘻三消糖尿水臟等症、

貪狼爲陽木　主肝胆之疾肝旺胆虛、氣臟頭昏肝風抽搐氣閉牽連脾胃肺部下寒等症氣衝肝肝腫之意發現驚恐貪狼木之肝旺、係肝部腫脹之象、或外見白癬瘋、

巨門爲陰土　主脾胃不合由重鬱所致濕熱太盛氣血之疾濕瘡癬瘡皮膚刺癢、

臟症胸膈目疾之類肝旺脾濕牽及肺病枯瘦等症、

天相爲陽水　主膀胱水道寒濕氣臟癥瘕疾存水嘔吐、先天不足後天虧損氣

血相混淋濁糖尿皮膚等症、

天梁爲陽土　主胃病兼及肺部肝旺性急頭部沉昏、食後糟雜不消、反胃噎膈之

類與天府土參看、

七煞爲陰金　主肺病暴怒衝肺衝肝努傷磕傷殘疾脇肋癆疾、上行吐血下行便

血大腸乾瀉不一肝旺性急氣虛陰虧之類、

破軍爲陰水　主下寒上火陰虧遺精漏傷水皮濕腿疾及水瀉腹痛而脹或癱疾

與一切水症血水不調赤白帶下之類、

左輔爲陽土　主脾胃等症參看天府土、

右弼爲陰水　主陰分虧損先天不足上火下寒精神短欠性急心爆經水不足等

症、

文曲為陰水　主上火下寒膽小性燥斑痣之類參看右弱水、

文昌為陽金　主大腸之疾肺部咳嗽之類心性急燥肝旺脾弱三焦濕熱等症、

天魁為陽火　主急燥暴怒肝氣陽明皮膚一切火症、

天鉞為陰火　主暗急肝膽脾胃肺部濕痰等症、

地劫為陽火　主目昏手足腿部之疾癥瘕氣結胃疼等症、

地空為陰火　主上火下寒氣血腹瀉腿脚之疾、

火星為陽火　主一切火症濕毒喑啞瘰癧瘡疽之類目疾麻面皮膚症男落妻宮

主妻目疾女落夫宮主夫目疾、

鈴星為陰火　主一切虛火頭部之疾、

化祿為陰土　主脾胃之疾與祿存土參看、

化權為陽木　主肝旺之疾與貪狼木參看、

化科為陽水　　主陰虛水虧膀胱等症與文曲水參看、

化忌為陽水　　主腎寒、陰虛精冷淋濁遺漏經血不調、赤白帶下、積聚痞塊、胸滿不暢之類、又因好多事、屬於氣分、氣臟水臟肝旺性急脾胃下濕、腳氣便血、痔瘡之疾、

遇太陽則目疾陽明症、遇太陰則下寒白帶等症、

天殤為陽火　　主癆療腰腿疼痛目翳牙疼耳聾等症、

天使為陰火　　主勞碌遺漏神失之疾、

祿存為陰土　　主脾胃之疾肝旺心性急燥陰水虧損氣臟水臟大腸乾燥咳嗽勞

傷等症因羊陀相夾故如是與紫微土參看、

擎羊為陽金　　主大腸之疾乾燥或腹瀉肺經病羊角瘋羊毛疔口眼歪斜及一切瘋症四肢氣閉四肢疼痛與氣迷痰迷氣分等症鐵石之傷蜂蠆毛蟲之害等類、

陀羅為陰金　　主肺部疾吐血腰腿手足面部傷或濕氣白癬瘋與鐵石磚瓦傷筋骨疼痛瘡骨突出之類、

天馬爲陽火　主肝旺心氣疾瘟疫流行下寒勞動滯瘡等症手足腿痛赤白帶下

遺漏手淫之疾與太陽火參看、

紅鸞爲陰水　主上火下寒陰虛傷寒癆傷等症、

天喜爲陽水　主膀胱濕熱寒濕之類與頭部肺虛等症、

天姚爲陰水　主陰虛膀胱濕熱遺漏之類、

天刑爲陽火　主肝旺心急脾胃之疾肺熱咳嗽時令等症、

三台爲陽土　主脾胃疾陽明濕熱粉刺瘤贅等症、

八座爲陰土　主脾胃皮膚下部之疾、

龍池爲陽水　主下寒上火月疾腰腿之類與右弼參看、

鳳閣爲陽土　主脾胃疾陽明等症、

天才爲陰木　主肝氣疾之類與天機木參看、

天壽爲陽土　主脾胃等症與紫微土參看、

台輔為陽土　主脾胃之症、

封誥為陰土　主胸腹等症、

恩光為陽火　主陽明火症、

天貴為陽土　主脾胃等症、

天官為陽土　主皮膚等症、

天福為陽土　主脾胃下寒膀胱等症、

天空為陽火　主頭部火症內部寒濕傷水之類、

天哭為陽火　主肝旺脾濕癆瘵等症經血枯乾之疾、

天虛為陰火　主虛火上炎心氣疾之類、

孤辰為陽火　主急熱悶鬱等症、

寡宿為陰火　主風火癆傷氣悶性燥下寒症、

刧煞為陰火　主胸膈腹脹癥瘕手足等症、

華蓋爲陽木　主肝氣疾頭部風症之類、

桃花爲陰水　主雜癆吐血便血下寒上火脾胃寒濕目疾或酒色荒迷等症、

大耗爲陽火　主肝旺操勞心氣疾癲癈之類兩目赤翳暗啞耳聾等症、

破碎爲陰火　主心氣疾肝旺脾胃下寒肺部之症、

以上共六十位星曜、按原書爲六十三位其實六十四位、旬中空亡、爲一空一亡、

劫路空亡、有正旁之分因原書兩種空亡以生人之年陰陽天干爲准、遇陰干正

刧定在陰宮遇陽干正刧定在陽宮旬空亦如之、蓋空者不實之意、亡者無也、正

刧者正在刧制之內、旁劫者較輕也、其他尚有一絕命星未載當在言外絕命一

見定主壽終限運不扶、卽絕命星見也、絕命星卽流年凶煞衝破命身運限卽告

氣絕、故謂之絕命星、

旬中空亡火　主因猶豫而操心奔波心氣等症、

劫路空亡火　主奔馳肝旺肺部之疾。及悶鬱不舒、一切急熱、或寒濕氣結雜癆等

症、

其他生年太歲十二元神均主有疾厄再按流年太歲天干地支以次論斷、

星曜之形相

古語云天圓地方係取陰陽之理而定其形勢男子屬於陽爲圓女子屬諸陰爲方。天地相合而萬物生男女相合始能成人所以人字兩畫一陰一陽若有一筆則不能稱之曰人矣卽爲孤陰不生孤陽不長之說也男女面部有方形有圓形或圓長形或方長形均由此方圓二形勢定其美惡辨其區別所以星曜亦有方圓各形勢之分以星曜之形勢而定出吾人之形勢復以吾人之形勢再合星曜之形勢既有此形勢便易於捉摸一見其人卽可知屬於何星曜以之斷事更進一層比如男女婚配或戀愛若形勢不合自難長久失戀割愛離婚棄養勢所必然吾人旣秉天地而生故男子陽爲圓長形女子陰爲方長形男女一切接近何嘗不是由此兩形勢而生育爲人世間萬物萬事亦莫不由此兩形勢而用行舍藏若同一形勢或孤獨。

或不久生死別離。在所難免必須方與圓圓與方相匹配始得其眞切。所以男女接

近謂之方圓兩箇形勢的戀愛。亦無不可。若圓與圓配即天配天也。方與方配即地

配地也。自難相宜相投。或孤獨一生。

查原斗數書中。對於身命不分之點甚多。按命垣爲無形身垣爲有形。若謂人之形

勢當由身垣諸星。與對宮詳較是何星曜附帶何星。即能定出一種面部形勢身軀

高矮肥瘦。父母宮又稱相貌宮亦可叅看究不及身垣之靈活。

比如官祿宮爲紫府。紫微爲圓長臉天府爲方長臉。若是圓方臉必紫府相兼。或有

附屬之星。或對方之七煞。惟七煞頭面等部有刑傷。或對方之附屬星曜其他各家。

皆以此推測。按星斷之諺云、有心無相逐心生。有相無心相隨心滅此言以心相

爲上。無如心不能見若以星曜考之。當見其心矣其心形善惡自難藏匿較麻衣道

者尤能神速有不可思議之妙。

按原斗數書內對於面部形勢雖有形性賦。及其他兼有一二。亦多混合茲將各星

所主。

有兼二星或三星者惟面部形勢色相有少年中年老年之別比如紫徵在少年時。

黃白色老年變為紅黃色。或紅色況在十二宮中各有不同。又有兼屬他星之意或

因宿疾纏綿氣色漸改頓改亦必有之理惟在詳查耳習之既久自能入妙。

面部形式分爲八種

圓臉　方臉　圓長臉　方長臉

圓臉因兩顴略高略礼略圓圓多爲圓方臉。

方圓臉因兩顴或兩顴略圓天庭地閣較方方多爲方圓臉。

上圓下方因天庭兩鬢左右略圓。

上方下圓因地閣兩顴左右略圓。

紫徵　黃白色老年紅黃色或赤色圓瘦長臉主中高身軀。

天機　青白色老年青黃色圓瘦長臉有長圓臉胖瘦不一主中高身軀。

所主人之面部形勢色相大概開列於後至於心性善惡只在有心人叅考研究耳。

太陽　紅白色紅黃色赤色圓臉主胖或圓長臉身軀中矮。

武曲　青白色青黑色青黃色圓瘦長臉高中不一。

天同　黃白色方臉主胖方長臉微圓或方臉高中不一。

廉貞　黃色紅黃色圓瘦長臉高扎額或麻面高中不一。

天府　黃白色方臉方長臉有微圓之扁方臉主中高。

太陰　青白色青黑色青黃色不一圓臉圓長臉微方扁圓臉。

貪狼　青白色或青黃色圓長臉扁圓臉胖瘦不一中高身軀。

巨門　青黃色青黑色方長臉主瘦主孤寒中矮破面。

天相　青黃黃色黃白色方臉或微圓主胖中高身材。

天梁　黃白色方長臉胖與微胖有瘦小主孤高身軀中矮。

七煞　紅黃色或青白色方長臉或方臉胖瘦不一主有傷或微麻。

破軍　青白色青黃色圓長臉胖瘦不一主破面或麻面中高不一。

星曜之形相

左輔　黃白色圓長臉主瘦身軀中高。

右弼　青黑色青白色小圓長臉或小方長主瘦矮中身材有痣或斑點。

文曲　青黃色青黑色圓長臉主痣中矮身軀多痣孤寒。

文昌　黃白色圓方臉主胖主中高。

地刼　青黃色青黑色圓方臉天庭不滿地閣不足主胖主矮或枯瘦。

地空　青黑色青黃色圓方臉地閣小天庭小主胖主矮或枯瘦。

天殤　青黃色紅黃色方圓臉胖瘦不一中等身軀。

天使　青黃色圓長臉身軀微高。

天魁　青黃色圓臉地閣小身軀較矮微瘦。

天鉞　紅黃色方臉或方長臉微胖。

祿存　黃白色圓長臉或圓長臉微高主瘦或有微麻殘傷孤形。

擎羊　紅白色或青白色圓長臉身軀主高胖瘦不一有殘傷或麻面。

心一堂術數古籍珍本叢刊　星命類　紫微斗數系列

陀羅　青白色圓長臉或圓方身軀高矮不一不瘦有殘傷或牙齒不齊。

火星　紅黃色長圓臉身軀中等或矮主瘦或有麻有殘傷。

鈴星　青黃色圓長臉或方長臉主矮主瘦有殘傷或微麻。

天馬　青黃色青白色方長臉中等身材不瘦。

紅鸞　紅白色紅黃色方長臉或方圓臉中矮微胖。

天喜　黃白色方長臉中高身材胖瘦不一。

天姚　紅黃色圓方臉中矮微胖。

天刑　紅黃色或紅色或紅白色中高不一主胖亦有瘦形。

三台　黃白色中矮身材圓長臉。

八座　黃白色中矮身材方長臉。

龍池　黃白色中矮身材方長臉。

鳳閣　黃白色中矮身材方長臉。

斗數宣微

星曜之形相

天才　青黃色中高圓長臉。

天壽　黃白色中高身材圓長臉或方臉。

台輔　黃白色方長臉中矮身軀微胖。

封誥　黃白色方長臉中等身材微胖。

恩光　青白色紅白色圓長臉中材。

天貴　黃白色方長臉中高材。

天官　黃白色方圓臉中材。

天福　黃白色方臉或方圓臉中矮身軀主胖。

天空　紅黃色方圓臉高材天庭不滿。

天哭　紅黃色圓長臉中高材孤瘦形。

天虛　青黃色圓長臉中材。

孤辰　黃白色小圓長臉中矮孤瘦形。

寡宿　紅黃色方圓臉中材微胖。

刮煞　青黑色青黃色中矮微瘦有胖圓臉天庭地閣不足。

華蓋　青黃色中高材微胖圓長臉。

桃花　紅白色紅黃色中矮身材微胖圓方尖下頦有痣或見麻面斑點。

大耗　青黑色中等身材圓方臉。

破碎　青黃色中矮方長臉孤寒形。

將來第三集有命盤之相面及手相法與看面相手相之陰陽兩宅法其他尚多現著手編輯容日出版。

占課之說明

占卜一道相傳種類不一、外洋亦有多種占卜之術、不過各據一法以決吉凶窮神達化、無妙不入此法係由心理學推測而問世仍用原斗數之星曜分布於十二垣、無論何事均可占之至於關乎十二宮與十二月月令、及陰陽兩宅之吉凶、與夫四

鄰之禍福皆可考查、頗有奇驗、請試一占以觀其效、

占課是心誠則靈、如問吉凶禍福、則以本年本月本日為體、再以十二時為用、即請

占課者取得某時、便定出全盤星曜、再由安斗君法定出正月、按月斷事日時亦以

此推求、比如以該月為占課者之本位對宮即是對方、再次推日日為本位對宮即

是對方、時亦如之、會合三方、加以流年太歲博士二十四神煞、無論何事、均可以理

斷之、如占陰陽兩宅氣運之好壞、再加生人之歲數、便知一切其他之占亦可用之、

或用較寬之法、以本年本月為體、以日時如用、以取得某日、再得某時、即以某時推

至何宮、便以該宮為主、仍用原斗君法、定出正月、以次推斷、取日時法用兩箇字亦

可、比如天性二字、天是四畫作初四日看、性字是八畫作未時看、加以本年本月成

為一占、取日如過三十一畫、則減去三十畫、下餘一畫作為初一日、取時如過十三

畫、則減去十二畫、下餘一畫、即是子時、偷三字之占、可將上一字作日用、下二箇字

筆畫合併為一、作時用、如遇四字、可得上兩箇字作日用、下兩箇字作時用、務以靈

紫微斗數宣微（二集）附相宅小言、子平新理解、勘誤表（虛白廬藏民國刊本）　九一

活為妙、

一占不只問一事、如十二箇月月令、與全盤十二宮以內以外、及八方之優劣、皆可以義理度之自得至妙攻陣破敵之法、須於斯道求之可也、夢寐之事除按命盤詳查外亦可占卜必表而出之是吉是凶并可用此卜法是何意思以決其疑、

占課之決疑

占課法既為上述至於判斷則以原斗數書中所載均可借來作判。引申其說亦在自己考驗與論時之活動辨別理由。或吉或凶亦惇乎精神上作用。如遇羊陀火鈴四煞之一與刦路空凶大耗等等不吉之星所問之事多波折有衝破或難成就比如遇詞訟之事在開審日時占得好星曜必見順利法官亦能深信其理由若無好星曜法官一見便怒形於色雖有十分理由必要別生枝節糾紛轉柁其他占事莫不皆然。

數宣微　占課之命盤　四二一

天盧 八座 天姚 天馬 七煞 紫微科 兄弟	台輔 天壽 天才 右弼 文昌 流年 命身垣	天哭 華蓋 斗君 父母	刼殺 天福 天鉞 左輔 福德
天官 天貴 紅鸞 擎羊 文曲 天梁權 天機祿 戊子 大耗 妻妾	乙亥五月十四日子時 占者問坆塋現在如何取得 說話二字說字十四畫話字十三 畫即以十四日子時看 乙亥　壬午　辛酉　戊子 木三局		廉貞 破軍 火星 三台 破碎 田宅
天相 祿存 龍池 博士 子女			文昌 鈴星 天喜 恩光 寡宿 官祿
孤辰 封誥 陀羅 巨門 太陽 財帛	天刑 天殤 貪狼 武曲 疾危	咸池 天空 天魁 太陰忌 天同 子時 十四日 遷移	鳳閣 天使 地空 地刼 天府 五月 奴僕 太歲

右問坆塋。係癸山丁向，占得右弼守身命垣，地勢較窄，向口亦少。西北大府之來龍，因地刼地空天使。主道途坎坷，洩氣不安東南紫微七煞青龍上一帶見旺，男丁不弱。女眷多刼田宅廉貞破軍火星破碎主全塋複雜，亦主刼右方查本年流羊大耗紅鸞入妻妾宮主刑刼內眷。因田宅宮有火星三煞，故不吉。

斗數宣微

命盤

疾危	財帛 路刼	子女	妻妾　亡
天盧 天貴 天姚 天馬 火星 天殤 天梁權	鈴星 右弼 七煞　流羊 文昌	華蓋 天哭 恩光 地刼　五月	刼殺 天福 天鉞 左輔 廉貞

妻妾：破碎 天才 三煞

兄弟：申時　封誥 天喜 破軍 寡宿　命垣

父母：鳳閣 天同　太歲

遷移：大耗 天官 紅鸞 擎羊 天相 紫微科

奴僕（博士）：龍池 祿存 天使 地空 巨門 天機祿　斗君

官祿（身垣）：孤辰 台輔 三台 陀羅 文昌 貪狼

田宅：天壽 天刑 太陽 太陰忌　十九日

福德：咸池 天空 八座 天魁 文曲 天府 武曲

中宮

乙亥五月十九日申時

占者問所住房屋現在如何取得

乙亥　壬午　丙寅　丙申

土五局

十九日申時

此占問房屋。查其命破軍已成破耗之象。又有寡宿對方羊刃大耗主變動不寧其身貪狼氣韻已散。又有孤辰。陀羅屬於傷殘分離之象。恐難久住已主衝動田宅化忌。不以順利論日月主猶豫之象。天刑主刑剋。按時看對方巨門官符。是非口舌現在不利主財祿如何。午方財宮本佳因刼難取以巳方之財論。是財來財去。有比肩分奪之象。並因卯方雙祿本主財爲巨門地空所破。總以見財論問月令如何。八九十月有爲正二三五月不順。

占課之命盤　四四

命盤

財帛	子女	夫妻	兄弟
三台 天虛 天馬 天梁權 初七日 子時	台輔 七殺 文昌 流年 子女 路 刧	（刧） 夫主	廉貞 天鉞 天姚 天才 天壽 天福 刧煞 華蓋 天哭 亡
疾厄 紫微科 天相 文曲 文使 擎羊 紅鸞 天刑 天官 大耗 斗君 疾危			命垣 身垣 火星 八座 破碎 天貴 寡宿 天喜 鈴星 文昌 破軍
遷移 天機祿 巨門 右弼 祿存 龍池 恩光 命主 身主 遷移			父母
奴僕 貪狼 陀羅 天殤 封誥 孤辰	官祿 太陽 太陰（忌）	田宅 武曲 天府 天魁 天空 咸池	福德 八月 太歲 天同 左輔 地刧 地空 鳳閣

中央占課文：

乙亥八月初七日子時
占者問婦人之病取得
夫主作新二字作字七畫卽取
字十三畫卽爲子時以年月爲體以
日時爲用

乙亥
甲申
日元 癸未
時 壬子

水二局

按子平法亦可占課

判詞

考此占月日時。均被太歲衝動。又遇天梁天馬飄泊驛馬之鄉。難以鎮攝。身命垣在酉火星守之。又爲火星衝破本年三煞臨於酉方。雖洩火之氣叉遇金空火見空益烈身命俱被火焚疾厄宮紫微主脾胃疾天相水分疾。擎辛肝旺大腸乾燥。天刑大耗之火最盛。誠恐入於雜癆火焚之症。緊防八九月。夫主宮天哭白虎。對宮喪門太陰化忌太陽亦不利田宅見桃花煞遷移羊陀相夾。非祥。

斗數宣微

天相 天馬 天虛 財帛	天梁 天輔 台貴 流年 文昌 路 刧 子女	廉貞 七煞 華蓋 天哭 妻妾	天姚 天鉞 天才 天壽 天福 刧殺 兄弟　亡
巨門 文曲 擎羊 紅鸞 天刑 天官 大耗 疾厄　斗君	占者問事取得 乙亥八月初四日子時 以義二字以字占者本人按四畫義 字十三畫即作初四日子時看 乙亥 甲申 庚辰 丙子 水二局		破碎 火星 命垣 身垣 文昌 天同 鈴星 天喜 寡宿 父母
紫微 貪狼 右弼 祿存 龍池 博士 遷移			空
天機 太陰 陀羅 封誥 孤辰 奴僕 初四日子時	天府 官祿	太陽 天魁 恩光 天空 咸池 田宅	武曲 破軍 左輔 地刧 地空 太歲 福德 八月 太歲

身命被火星所衝。正局已破。不能成就美有對方紫貪化科祿存當有其他之轉機。日時爲本人之所占。落於寅方爲機月化忌主本人有爭持往返勞動好在紫府貴人相夾并對方天鉞定有高人扶持尚可調解因紫微化科主書面之幇助。此事必須耗財因田宅之咸池。財帛宮之天相天馬之意。

斗數宣微

附子評新理解

四五一

附子平新理解（可預測妻妾子女）

觀流傳命理各書。對於六親推斷固屬確驗。其他未能言及者尚有之。按人生後八字既定皆以年觀祖基月觀父母兄弟日枝爲妻妾時支爲子女。又以年爲父胎爲母月爲兄弟之類。與八字互相照應頗著奇驗然若以年觀祖基究爲何祖曾祖高祖以上均難指定月觀父母兄弟以一幹枝定出四種尤爲混合日元以天幹爲本身以地枝爲妻妾日元之幹枝爲我之日元幹枝何可分與妻妾而我之秉賦能存於天地間者恃此幹枝運用若僅以地枝爲妻妾究竟何妻爲助何妻爲敗何妻永壽何妻夭亡或團聚及離異與妾之賢愚來去之次序均難指實時上幹枝爲子女。而何子女主貴何子女主賤何子女消財何子女爭榮及心性好惡與何子女存亡出繼流落之類皆不能分晰是以深思醉醒子象篇所云鈎玄索隱發表歸根向實尋虛從無取有余意欲發未明之理。非徒固己見爲定議茲就管見所及而推廣四柱之關繫願與

同好諸君子研究之。作為子平新理解。亦不敢斷其必然也。按提綱既能推行運之

順逆。而此理或亦有之當此文明進化時代。萬勿以不合古人而棄之。則幸甚矣。說

明列次。

可知以上若干代。

由年上幹枝逆推幹枝作祖父一代看。再推作曾祖一代看。再推則高祖。依次而推。

由年上幹枝順推幹枝作父母一代之兄弟姊妹看每一幹枝佔一位。

由月上幹枝順推幹枝作自身兄弟姊妹看每一幹枝佔一位。

由日上幹枝順推幹枝作妻妾看每一幹枝佔一位。

由時上幹枝順推幹枝作子女看每一幹枝佔一位。

以上皆以日元為主仍照原各命理書之講解。與名詞論斷之。如對於財官印煞及

各喜忌並諸命理書所載之論說亦可多選擇有驗者引用之。以便斷事較寬考驗

既廣。其得愈深。

如某人八字。為癸卯壬戌辛未庚寅。元配離異。並無第二妻。

年　癸卯

月　壬戌

日元　辛未　元配　壬申　離異

時　庚寅

次妻　癸酉　祿堂　戌酉穿

三妻　甲戌　換旬　羊刃　無

四妻　乙亥　　　　無

如某人八字。為壬辰癸卯癸卯戊午得有一妻二妾。

年　壬辰

月　癸卯　胞弟　甲辰　一生勞苦　續娶妻室

日元　癸卯　元配　甲辰　一生勞苦有子夭亡現有一子

斗數□

時　戊午

姜　乙巳　貴人非理成婚無所出

妾　丙午　出身秦樓無所出

王有珍先生生於咸豐三年正月十六日寅時甲戌年八月十七日子時壽終。享年八十有二歲。

年　癸丑

月　甲寅

日元　辛酉

時　庚寅

壬戌　元配早故　酉戌穿　羊刃

癸亥　續室　沐浴

辛卯　未及月　比肩

女　壬辰　辰與酉合　卯酉衝　難存

男　癸巳　生十二日夭亡

劉彩軒八字。辛巳五十五歲五月十四日戌時生。五歲剋父生母八十三歲壽終。

男　甲午　得力　貴人

女　乙未　操勞

年　辛巳

月　甲午

日元　乙亥

時　丙戌

丙子　元配故咸池

丁丑　續室

女　丁亥　亡　比肩

男　戊子　亡　咸池

男　己丑　亡

以上均元配生

男　庚寅　在

男　辛卯　在

斗數宣微

如某人八字。壬午五十四歲正月初三日卯時生。

男　壬辰　在

女　癸巳　在　以上均續室生

年　壬午

月　壬寅

日元　庚寅　辛卯　咸池故

　　　　壬辰　非理成婚因妻財致富於八年前生離

　　　　癸巳　非理成婚　長生　寅巳相刑頗切

時　己卯

何小圃先生。生於同治元年二月二十六日戌時生享年七十三歲甲戌冬季壽終。

年　壬戌

月　癸卯

日元　己卯

時　甲戌

男　乙亥　故　半合　乙木尅日元

男　丙子　故　貴人　子卯刑

男　丁丑　在

男　戊寅　故　寅木尅

男　己卯　故　與日元爲比

男　庚辰　在　相穿

男　辛巳　在　驛馬　旺　無

汪太沖先生八字

年　庚子　以年上庚子爲父母庚見庚爲比肩故尅父庚子之上逆推爲己亥正

月　己丑　印文昌其祖父成丙戌科進士時上又遇丁亥正官文昌子嗣當然博

日元　庚戌　學鴻才有官能守光宗耀祖可爲預賀按丁亥順推是戊子偏印食神

斗數宣微

時　丁亥　為女己丑正印為男生扶庚金日元。又為貴人時上之美當屬此貴子
也。再推則庚寅與日元為比見空亡有亦難存辛卯劫財卯與戌合必
屬女星又為戌之咸池。或因此邀合之故。而至虛花其次壬辰與日元
成字作衝有亦難立日元庚戌順推為辛亥。定主內助賢明。而心性孤
高。不過微有尅制耳日元庚金長生在巳衝動亥方文昌故尚文藝日
元戌字與卯方咸池作合故孤癖刑尅亦道學風流之一似此看法參
合喜忌較妥暫試於此以俟請教。

郝馨圃先生甲申五十二歲八月初七日子時生現行戊寅運丁丑運大展。癸酉年
　　　患攤症。

年　甲申　空亡

月　癸酉

日元　戊寅　　元配己卯　沐浴劫才　　衝提
　　　　　　　　　　　咸池正官
　　　　　　　　　　　一目失明　　見刑傷反剋夫

時　壬子　刲路

男　癸丑　貴人　刲路

女　甲寅　比肩　臨官
　　　　　長生

男　乙卯　沐浴　咸池

男　丙辰　偏印　比肩　目疾

男　丁巳　祿堂　與寅相刑

　　戊午　無

衍法寺瑞光和尚八字。爲戊寅甲寅戊午丁巳。再推卽戊午。與日元作比。又見午爲羊刃有衝。故一生并未收徒。曾在病危之際。只傳法徒體朗和尚一人而已。朱謙甫先生八字。爲乙亥丙戌己巳庚午。由此時再推。卽辛未壬申生平得有一男一女。蓋日元巳與申合而復刑。巳字爲偏才之故。申字爲巳字貴人落於刲空。不得力。

如某僧人五十四歲五月二十四日未時生八字爲壬午丁未己酉辛未得有二女一男壬申長女夭亡癸酉之男尚在今春復得一女爲甲戌。

張作霖元帥光緒元年二月十二日巳時生相傳第五姨太太獨擅專寵按此法考之似有至理何第五姨太太同時遇禍並可推測。

年　乙亥
月　己卯
日元　庚辰　元配　辛巳　長生
　　　　　二　壬午　沐浴
　　　　　三　癸未　冠帶　刔路
　　　　　四　甲申　祿堂　合辰
　　　　　五　乙酉　旺咸池乙庚合辰酉合　羊刃提衝
　　　　　六　丙戌　辰戌衝

斗數宣微　附子評新理解　五○

時　辛巳

顧維鈞總長。相傳生平多艷福。按此法考之。亦有趣味。

年　丁亥

月　癸丑

日元　己亥　元配　庚子　咸池　貴人

　　　　　　二　辛丑　飛刃

　　　　　　三　壬寅　合

　　　　　　四　癸卯　半合

　　　　　　五　甲辰

　　　　　　六　乙巳

　　　　　　七　丙午

時　戊辰

某男命。光緒十七年十一月初六日未時生。

年　辛卯

月　己亥　空亡

日元　丙寅

時　乙未　男　丙申　亡　文昌聰明文學

　　　　　男　丁酉　在　奔馳　不得力　貴人

　　　　　男　戊戌　出繼　不得力

　　　　　男　己亥　在　遠處　空亡　貴人

　　　　　男　庚子　亡　書畫文藝哲學可觀

　　　　　女　辛丑　在　丙辛化女

　　　　　　　壬寅　無　比肩

陳叔良先生壬寅三十四歲十二月二十七日卯時生燕侶四人陳公居三次門已

故

壬寅　一、甲寅

癸丑　二　乙卯　故

　　　三　丙辰　本身

日元　四　丁巳

癸丑

乙卯

王墨林律師光緒十七年七月十五日生兩歲尅父三歲尅母

辛卯　壬辰

　　　癸巳

丙申

日元　丁丑　元配　戊寅

丁未

張性存先生辛亥二十五歲九月二十七日未時生聲稱大哥隔山已故二三哥尙

在父已故去十六年生母健在有姊一妹一妻被尅有殘病

辛亥　　　　壬子

己亥　　　　癸丑

日元　辛酉　元配　壬戌　有殘病　相穿

　　　　　　　　癸亥

　　　　　　　　甲子

乙未

王有珍之夫人同治二年癸亥十二月十六日寅時生爲續室

癸亥

乙丑

日元　戊子

甲寅

夫　己丑　為夫之先妻

庚寅　此為正夫主

女　乙卯　小月

女　丙辰　在

男　丁巳　十二月天亡

男　戊午　在　先破財產後有扶助現依生活

女　己未　在

戊午之男即王有珍先生時下甲午之男得力

吳興武先生八字

辛丑

己亥

日元
丙申　文昌　元配　丁酉　貴人　咸池　故

　　　　　　　　　　　戊戌

　　　　　　　　　　己亥　刑

　　　　　　　　　　庚子　故

　　　　　　　　　　辛丑　合

時
甲午

紫微斗數宣微全部二冊　定價國幣貳圓

著作者　　觀雲居士

代售處　　天華印書館

北平東城山老胡同一號

中華民國乙亥歲七月增訂再版

編號	書名	作者	提要
148	《人相學之新研究》《看相偶述》合刊	盧毅安	集中外相術大成，無不奇驗；影響近代香港相術名著
149	冰鑑集	【民國】碧湖鷗客	各家相法精華、相術捷徑、圖文並茂附名人照片
150	《現代人相百面觀》《相人新法》合刊	【民國】吳道子輯	失傳民初相學經典二種　重現人間！
151	性相論	【民國】余晉龢	失傳民初白平公安局專論相學與犯罪專著（犯罪學生物學派）
152	《相法講義》《相理秘旨》合刊	【民國】韋千里、孟瘦梅	民初二大命理家韋千里經典、傳統相術秘籍精華
153	《掌形哲學》附《世界名人掌形》《小傳》	【民國】余萍客	圖文并茂、附歐美名人掌形圖及生平簡介
154	觀察術	【民國】吳貴長	可補充傳統相術之不足
堪輿類			
155	羅經消納正宗	【明】沈昇撰、【明】史自成、丁……	失傳四庫存目珍稀風水古籍
156	風水正原	孟章合纂	純宗形家，形家必讀！
157	安溪地話（風水正原二集）	【清】余天藻	積德為求地之本，形家必讀！
158	《蔣子挨星圖》附《玉鑰匙》	傳【清】蔣大鴻等	窺知無常派章仲山一脈真傳奧秘
159	樓宇寶鑑	吳師青	現代城市樓宇風水看法改革
160	《香港山脈形勢論》《如何應用日景羅經》合刊		香港風水山脈形勢專著
161	三元真諦稿本——讀地理辨正指南	【民國】王元極	被譽為蔣大鴻、章仲山後第一人內容直接了當，盡揭三元玄空家之秘
162	三元陽宅萃篇	【民國】王元極	
163	王元極增批地理冰海 附 批點原本地理冰海	【清】高守中【民國】王元極	大致相同
164	地理辨正發微	【清】唐南雅	極之清楚明白，披肝露膽！
165–167	增廣沈氏玄空學 附 仲山宅斷秘繪稿本三種、自得齋地理叢說稿鈔 本（上）（中）（下）	【清】沈竹礽	玄空必讀經典！附《仲山宅斷》幾種鈔本及批點本、畫龍點睛、披肝露膽，道中……
168–169	巒頭指迷（上）（下）	【清】尹貞夫原著、【民國】何廷珊增訂、批注	圖文并茂：龍、砂、穴、水、星辰九十九
170–171	三元地理真傳（兩種）（上）（下）	【清】趙文鳴	變屋向氣運……蔣大鴻、賴布衣挨星秘訣及用法洩漏天機
172	三元宅墓圖 附 家傳秘冊	【清】	蔣大鴻嫡傳張仲馨一脈二十種家傳秘本、宅墓案例三十八圖，並附天星擇日
173	宅運撮要	【民國】尤惜陰（演本法師）、榮柏雲	撮三集《宅運新案》之精要
174	章仲山秘傳玄空斷驗筆記 附 章仲山斷宅圖註	【清】章仲山傳、【清】唐鷺亭纂	無常派玄空不外傳秘中秘！二宅實例有斷驗及改造內容
175	汪氏地理辨正發微 附 地理辨正真本	【清】章仲山、姜垚原著、【清】汪云吾發微	蔣大鴻嫡派張仲馨一脈三元理、法、訣具體泄露
176	蔣大鴻家傳歸厚錄汪氏圖解	【清】蔣大鴻、姜垚原著、【清】汪云吾圖解	三百年來最佳《地理辨正》註解！石破天……
177	蔣大鴻嫡傳三元地理秘書十一種批注	【清】蔣大鴻原著、【清】汪云吾、【清】劉樂山註	驚！

心一堂術數古籍珍本叢刊　第二輯書目